拝み屋備忘録

# 怪談双子宿

郷内心瞳



竹書房文庫

# それは誰にも等しく訪れる

「でも、自分には霊感なんて全然ないし——」

怖い話を聞き終えたのち、多くの人から聞かれる、常套句のようなひと言である。

彼らの顔には大抵、強張《こわば》った笑みが浮かんでいるが、同時に「霊感なんてないし」と宣言した彼らの笑みにはある種、独特の安心感が浮かんでいるのも見て取れる。

奇怪で恐ろしい事象に遭遇し、この世ならざる妖しい者どもに出くわしてしまうのは、ひとえに〝霊感〟なるものがあるからだ。それを持たない自分はつまり、奇怪な事象に見舞われることなどなく、恐ろしい目に遭うことも一生ないはずである。

彼らはそうした含みを持って、「自分に霊感などはない」と宣言するのだろう。

けれども私から言わせてもらえばそれは、「自分は常に安全運転を心がけているから、一生交通事故には遭わない」という、希望的観測に基づいた思い込みと同じである。

心がけなど、多少の予防になるだけに過ぎず、絶対の安全が保証されるわけではない。

怪異との遭遇も、道理はまったく同じことである。

宮城の片田舎で拝み屋という奇特な生業を始めて、今年で十六年になる。

平素、悪霊祓いやら、憑き物落としやらの依頼に訪れる相談客の大半は、残念ながら自称〝霊感体質〟の方ではなく、自称〝霊感なんて全然ない〟という普通の方々である。

私の仕事場を訪れる相談客の大半というのは、つい最近まで、あるいはつい昨夜まで、怪異やら幽霊やらにまったく無縁だった人々なのだ。

「そんな馬鹿な」と思われても、実際にそうなのだから仕方がない。

お分かりいただけるだろうか？

怪異が人を見舞う要因に〝霊感〟などという要素は、実は大して重要なものではない。〝霊感〟の多寡など所詮、遭遇率と体験率の上下に多少影響するだけのものに過ぎない。誰もそれを完全に回避することなどできないのだ。

怪異とは、暗闇の先で待ち構える事故のようなものである。

〝霊感〟があろうがなかろうが、強かろうが弱かろうが、然《しか》るべき時と条件さえ整えば、それは誰の身にも等しく訪れてしまうものなのだ。

本書はそんな〝霊感〟などとは無縁な、ごくごく普通の人たちを突然見舞った怪異を中心に紹介していきたいと思う。

本書で紹介する怪異はまさに〝事故〟である。因果関係などのさしたる背景すらなく、まるでもらい事故のように体験者を見舞う怪異がこの世間において、いかに多いことか。何気ない日常生活から薄皮一枚隔てた向こう側に、息を潜めて獲物を狙わんとしている怪異がどれほど多いことか。読めばよくよくお分かりいただけることかと思う。

それらの紹介と平行して、拝み屋を営む私を見舞った怪異も紹介していきたいと思う。特異な仕事の性質上、怪異に触れること自体がほとんど日常と化している私であっても、時と場合によっては度肝を抜かれるほど驚いたり、死ぬほど厭な思いをすることもある。怪異は慣れることはあっても平気になることもなければ、無害なものになることもない。本職の体験談を通して、そうした事実も知っていただければと思う。

重ねて宣言するが、怪異とは誰の身にも等しく訪れるものである。

無論、今この本を読んでいるあなたとて、それは例外ではない。

だからくれぐれも、他人事《ひとごと》などとは思わないことである。

本書を読まれる過程で、あるいは本書を読み終えたあと、あなた自身にも忌まわしい怪異が訪れることを――もとい、訪れないことを願ってやまない。

それでは最後まで、ごゆるりとご堪能のほどを。

目次

※本書に登場する人物名は様々な事情を考慮して仮名にしてあります。

# 好きなんですか

会社員の駒野《こまの》さんが遅い残業を終え、最終電車に乗りこんだ時のこと。

終点が近づき、人気《ひとけ》の絶えた寂しい車内で先日買ったばかりの怪談本を読んでいると、

「幽霊、好きなんですか？」

ふと前方から、女の声で尋ねられた。

顔をあげると、向かい側の座席にＯＬ風の若い女が座って、薄い笑みを浮かべている。

「はあ……ええ、まあ」

周囲を見れば自分と女以外、車内に乗っている客は誰もいない。

人恋しさに声でもかけてきたのかと思い、さして気にも留めず、再び本を読み進める。

それから二分ほどした頃だった。

「幽霊、好きなんですか？」

今度は男の声で尋ねられた。

顔をあげれば、向かい側の座席にスーツ姿の中年男が座って、薄笑いを浮かべている。

つい今しがたまでいた若い女の姿は、もうどこにもなかった。

なんだか少し、気味が悪くなる。

「……ええ、まあ」

手短に応え、即座に視線を本に落とす。

それからさらに、数分が過ぎた頃。

「幽霊、好きなんですか？」

再び向かい側から尋ねられた。が、今度は恐ろしくて顔をあげることができなかった。

声の主が、小さな子供のそれだったからである。

その場に凍りついたように身を固め、手元に開いた怪談本に意識を集中させる。

本のほうは本のほうで、血みどろになった女幽霊が深夜の廃墟を這いずってくる話や、自分の生首でボール遊びをする男の子の話など、甚《はなは》だ心臓に悪い話ばかりが載っていた。

こんな事態になってしまうと、なぜにこんな本を開いたのだろうと、激しく後悔が募る。

紙面に綴られた文字すら見ぬよう、上部の空白などを見つめているさなかだった。

「幽霊、好きなんですか？」

突然耳元で、子供の声が囁《ささや》いた。

悲鳴をあげて立ちあがると、静まり返った車内には誰の姿もなかった。

真っ青になりながら、先頭車両まで駆け足で移動する。運転席にいちばん近い座席に座り直すと、駒野さんはがたがた震えながら駅への到着を待ち侘びたという。

# 女か犬か

都内で暮らす、高田《たかだ》さんという男性から聞いた話である。

今から十五年ほど前の夏場。当時大学生だった高田さんは、こんな体験をしている。

ある晩、友人のアパートで一夜を過ごした高田さんは、明け方近くに友人宅を辞して、始発に乗って家路に就いた。

電車に乗る時はまだ薄暗かった戸外も、最寄り駅の改札を抜ける頃には明るさが増し、巨大な夏雲がむくむくと浮かぶ大空が薄青く輝き始めていた。

駅前の大通りを突っ切った先に住宅地があり、高田さんの自宅もその中に建っている。

通い慣れたいつもの道をたどれば二十分ほどで帰り着けるのだが、この日は朝の空気をいくらか余計に吸いたいと思い、少しだけ遠回りをして帰ることにした。

普段は右へ曲がるべき丁字路を左に曲がり、路地の中をぶらぶらと歩いていく。

しばらく歩き続け、何本目かの角を曲がった時だった。

目の前に延びる狭い路地の道端、電信柱の根元に一匹の犬がいた。

クリーム色でふさふさの毛並みをした、大きく立派な体格をした犬である。

ゴールデンレトリバーか、あるいはそれに近い犬種のように見える。

犬はこちら側に背を向け、柱の根っこに頭を突っこむようにして、何やらがさがさと身体を上下に揺らしている。

ゴミでも漁っているのかな。

横目で犬を見やりながら、そのまままっすぐ歩いていく。

だが、それから少し進んでいくと、ふいに犬の形がぐにゃりと歪んで、姿が変わった。

ぎょっとなって目を凝らすと、真っ白いキャミソールを着た髪の長い女が、電信柱の根っこに頭を突っこんで、がさがさと上下に身体を揺らしている。

嘘だろ……と思ってたじろぐも、女は確かに目の前で身体をしきりに揺らしている。

路地の反対側へ身を移し、そのまま女に視線を向けつつ、注意深く進んでいく。

すると今度は女の姿がぐにゃりと歪んで、元の犬の姿に戻った。

なんだ、目の錯覚か……。

一瞬安堵したのだが、また少し近づいたところで、犬は女の姿に変わった。
高田さんと女との距離は、もう残り三メートルほどしかない。
このまま踵《きびす》を返して逃げだそうかと思った。
けれども正体を見極めたいという思いも同時に湧き、怖々《こわごわ》しつつも、前へと進んだ。
女、犬、女、犬、女、犬、女、犬——。
対象に近づくにつれ、犬と女は目まぐるしく姿を変え続ける。
だが、どちらの姿も存在感は生々しくあった。
犬と女、果たしてどちらが元の姿で、本当の姿なのだろう。
疑問と恐怖に駆られつつ、向こうに気づかれないよう足音を忍ばせ、進んでいく。
どうにか電信柱の前を通り過ぎても女と犬は、交互に姿を変え続けていたという。

# 朝の客

七恵《ななえ》さんが以前勤めていた、ショッピングモールでの話である。

早朝六時からのシフトで働いていた七恵さんは、出勤すると八時の開店時間に向けて商品の補充や店内の清掃などを順次おこなっていく。

開店間際の時間帯は、店内の正面入口付近を清掃するのが日課になっていた。

ガラス扉の向こうに見える広々とした駐車場には、いつも開店時間が近づくにつれて数台の車がぽつりぽつりと停まり始め、店が開くのを静かに待ち詫びる様子が見られた。

そんな風景のさなかに毎朝、変わらず見かける人物の姿があった。

六十過ぎとおぼしき初老の男性で、服装は決まって灰色の上着に小豆《あずき》色のズボン姿。

男性は駐車場内をぶらぶら散策するように歩き回っては、時折こちらに視線を向けて小さく笑みを浮かべたりする。

男性は雨の日でも風の強い日でも、気づけばいつも駐車場にいて、ぶらぶらしていた。

近所に独り住まいをしている人なのかと思ったが、くわしい素性までは分からなかった。

店を開けるとすぐに次の仕事が待っているため、近くで彼の姿を見たこともない。

七恵さんがショッピングモールに勤め始めて、ふた月ほどが過ぎた頃だった。
休憩時間に何気なく、件《くだん》の男性のことを同僚のおばさんに話してみた。
けれどもおばさんは、「そんな人は見かけたことがない」と首を傾げた。
その場に居合わせた他の従業員にも尋ねてみたが、やはり誰も知らないという。
なんだか不審に思い、毎朝駐車場の清掃をしている従業員にも尋ねてみたのだけれど、
答えはやはり「知らない」だった。
翌朝、清掃中に外を見ると、件の男性はいつもと変わらぬ様子で駐車場内にいた。
やっぱりいるよね……と思い、七恵さんも首を傾げる。
やがて開店時間となり、店の入口を開錠した。
普段はそのまま次の業務に移行するのだけれど、この日はなんとなくもやもやが募り、
清掃用具を持って店外へ跳びだした。

掃き掃除をするふりをしつつ男性に向かっていそいそと近づいていき、何食わぬ顔で「おはようございます」と声をかけてみる。

「ふへほ」

七恵さんが挨拶するなり、男性ははたりと歩を止め、奇妙な笑い声をあげた。

皺《しわ》だらけの顔がだらりと弛緩して、軟体動物のような掴みどころのない表情に変わる。

続いて感電でもしたかのように、身体がびくんびくんと大きく痙攣《けいれん》し始める。

奇妙に歪んだ笑顔から、素《す》っ頓狂《とんきょう》な笑い声が漏れた直後だった。

男の身体がすとんと一直線に、地面に呑まれて消えた。

まるで見えない穴に落ちていったかのような、そんな一瞬の出来事だった。

あとにはその場に呆然と立ち尽くす、七恵さんの姿だけがあった。

# 宅配便

よく晴れた平日の午前。窓から差しこむ陽気が心地よい、十時過ぎのことだった。
主婦の由梨香《ゆりか》さんが自宅アパートで家事をしていると、玄関のチャイムが鳴った。
「はーい」と返事をしながら、ドアスコープを覗く。
ドアの前には、宅配便の配達員が笑みを浮かべて立っていた。
四十代ぐらいとおぼしき、色の浅黒い、でっぷりとした体型の男性である。
すぐにチェーンを外し、ドアを開ける。
いない。
ドアの前から、男の姿が消えていた。
ドアから顔を突きだし、左右を見回してみたけれど、やはりどこにも男の姿はない。
おかしいなと思いながらドアを閉め、背後を振り返ったとたん、声をあげて驚いた。

誰もいない居間の畳の上に段ボール箱がひとつ、ぽつんと置かれていた。

六十サイズの小さな箱で、角が擦《こす》れて剥《は》げていたり、表面が黒ずんで汚れていたりと、全体的に古びた感じの漂う厭な箱だった。

窓には鍵が掛かっていたし、部屋に出入りすることができるのは、玄関ドアしかない。一体誰がどこからこんな箱を持ちこんで置いていったのかと考えたが、分からなかった。それよりも気味の悪さのほうが身の内に湧きたち、背筋にさわさわと粟《あわ》が生じた。

すぐさま仕事中の夫に電話を掛けて事情を説明する。

夫は初め、半信半疑だったが、やがて話が本当だと信じると「警察を呼べ」と言った。中身が爆弾だったり、何かの危険物だったら大変だからということだった。

夫の言葉に由梨香さんもはっとなって震えあがる。

通話を終えるなり、ただちに警察へ通報した。


通報から二十分ほどして、警官がふたりやってきた。

ふたりは手つかずのまま置いてある段ボール箱をしばらくまじまじと見つめていたが、やがて「開けてもいいですか？」と尋ねてきた。

冗談でしょうと思ったが、「中身を確かめないことにはどうしようもない」と言われ、渋々「分かりました」とうなずく。

由梨香さんが渡したカッターナイフを使い、警官が慎重な手つきで箱の蓋に貼られたガムテープにゆっくり切れ目を入れていく。

固唾《かたず》を呑みつつ見守っていると、やがてテープは完全に断ち切れ、警官が蓋を開けた。

警官たちの肩越しに恐る恐る箱の中を覗いてみる。

中には煤《すす》けて薄汚れた、般若《はんにゃ》の面が入っていた。

他には何も入っていない。無論、こんな面になど覚えもなかった。

警官たちは微妙に難色を示したが、不審物として半ば強引に引き取ってもらった。

夫の帰宅後、事の次第を話してみても、やはり夫もそんな面など知らないという。

箱が届く直前、チャイムを鳴らした業者の正体も結局、分からずじまいだった。


この日に起きた怪異と因果関係は不明だが、それからふた月経った頃、由梨香さんは珍しい血液の病気で突然この世を去っている。

以上の話は由梨香さんの死後、彼女の夫から聞かせてもらった話である。

# 幽霊役

いつもの昼休み。西沢《にしざわ》さんが馴染みの定食屋でお昼を食べていると、真っ黒な礼服に身を包んだ男女が二十人ほど、どやどやと店の中に入ってきた。

ただでさえ狭い店内はテーブル席も上がり座敷も、たちまち礼服の黒に埋め尽くされ、のどかな昼時の風景が一転して、何やら辛気臭い色合いに染めあげられてしまった。

いつもの定食を口に運んでいても、礼服の一団から仄《ほの》かに漂う線香の香りが鼻を突き、どうにも美味《うま》く感じられない。はた迷惑なものだと西沢さんは眉をひそめた。

さっさと切りあげて職場に戻ろう。

思いながら何気なく窓の外に目を向けると、妙な人物の姿が視界に入った。

真っ白い経帷子《きょうかたびら》に身を包み、額に三角形の白布を巻いた、白髪頭の痩せた老人である。

古典的な幽霊そのものの恰好なのだが、外は明るいのでなんとも間抜けに感じられる。

死装束の老人は店の前の駐車場にぽつんと所在なげに立ち尽くし、店内の席についた礼服の一団にきょろきょろと物欲しげな視線を送っている。

一瞬、なんだろうと思ったが、もしかしたらテレビの撮影か何かではないかと判じた。

店内はすでに満席状態である。店の中へと入りきれなかった幽霊役か死人役の俳優が、席が空くのを外で待っているのではないかと思った。

ならばあんな妙な恰好で待たせるのも気の毒である。

さっさと食事を済ませて、席を譲ってやろうと思い、急いで料理を掻っこんだ。

会計を済ませて店外へ出るなり、駐車場に立っていた老人がすかさず駆け寄ってきて、西沢さんの開けた扉の脇をすっとすり抜け、店の中へ滑りこむように入っていった。

扉を閉めながら何気なく背後を振り返ると、老人の姿がない。

礼服の一団が座る席にも隈なく目を運んでみたが、老人の姿はどこにもなかった。

自分が何を視たのか、何が起きたのか。

わずかも事態が呑み込めないまま、西沢さんはもやもやしながら店をあとにした。

# ご一緒に

初老の多貴子《たきこ》さんが昼下がり、居間でうたた寝をしている時だった。

「ねえねえ多貴子さん、ご一緒にどう！」

開け放たれた居間の窓の向こうから、ふいに大きな声で叫ばれた。

誰だろうと思い、半分寝ぼけた両目をうっすら開けて様子を窺《うかが》う。

窓の向こうの垣根越しから白髪頭の女がぬっと顔を突きだし、こちらを見ていた。

「さあさあさあ多貴子さん！　ご一緒に！　ねえご一緒に！」

耳を刺すような甲高《かんだか》い声。狐のように吊りあがった、いかにも意地の悪そうな細い目。

垣根越しにいる人物が、近所に暮らす徹子《てつこ》さんだとすぐに分かった。

多貴子さんとは同年代で、古くからの顔見知りなのだが、なぜか多貴子さんのことを目の敵《かたき》のように思い、何かと理屈をつけては突っかかってくることの多い人物だった。

無論、仲はよろしくない。こんなに明るい調子で声をかけられるなど、普段であれば夢にも考えられないことだった。

「ねえほら、ねえほら、多貴子さん！　ご一緒に！　ご一緒に！」

けれども当の徹子さんは、満面に貼りつくような笑みを浮かべて叫び続けている。

なんの悪ふざけかと思い、寝ぼけながらも「うるさいですよ！」と叫び返した。

「多貴子さーん！　ご一緒に！　ねえねえ、お願いだから、ご一緒にぃ！」

それでも向こうは黙らない。さすがに腹が立ち、今度はさらに大きな声で叫びつける。

「うるさいなあ！　何が一緒になんだい、嫌ですよ！」

とたんに声がぴたりと止んで、徹子さんの顔から笑みがすっと消えた。

「ちっ」

鋭い目つきで睨みながら舌打ちをしたとたん、垣根の上から徹子さんの顔が消えた。

驚いて起きあがり、垣根の向こうに行ってみたが、徹子さんはどこにもいなかった。

その後。同じ日の午前遅く、徹子さんが病院帰りに交通事故で亡くなっていたことを多貴子さんは知った。道連れに誘いにきたのだろうと、多貴子さんは語っている。

# 猿声

私自身の体験である。

私が拝み屋を営みながら暮らしているのは、宮城の片田舎にそびえる山の裾野に建つ、古びた一軒家である。結婚を機に二〇一一年の九月から妻とふたりで暮らしている。

自宅の周囲には濃い緑を孕んだ深い森が広がり、家の手前に伸びる坂道を少し上れば、ほどなく山の入口へと至る。

〝人界〟として賑わう里と〝異界〟に当たる山とのあわい――ちょうど境界線のようなうら寂しくて不安定な場所に、我が家はひっそりと佇んでいる。

こんな場所で奇特な仕事をしているせいだろうか。公私の関係なく、自宅の周囲では時折、妙なことが起こる。

何年か前にもこんなことがあった。

秋口のある日、町内放送で「付近に猿が出没している」という報せが流れた。田舎暮らしとはいえ、野生の猿など珍しい。猿は全国的に増え続けているらしいので、とうとう我が地元でも騒がれるようになったかと思った。


それから数日経った午後。

仕事場にしている自宅の奥座敷で書き物をしていると、外から妙な声が聞こえ始めた。

「あろぉぉん、あろぉぉん」という、わずかに湿り気を含んだ、甲高い声である。

声はどうやら、横庭に面した杉林の中から聞こえてくる。あれが噂の野生猿かと思い、窓を開けて外を見てみる。

違った。

杉林の木々の間から、人の形をした真っ白い何かが、こちらをじっと見つめていた。

「あろぉぉん、あろぉぉん」

身の丈は幼児ぐらい。髪の毛や体毛は一切なく、肌は餅のようにしっとりとしている。目と口はまん丸く、燃えるような赤一色に染まっている。まるで埴輪《はにわ》のような顔だった。手足はずんぐりと丸みを帯びて太かったが、四肢の末端は灌木《かんぼく》に隠れて見えなかった。

「あろおぉぉん、あろおぉぉん！」

気味の悪い声で一際鋭く鳴くと、それはふらりと踵を返し、林の中へと消えていった。

厭なものを見てしまったと思い、心底後悔する。


その日から、たびたび声が聞こえるようになった。

昼夜を問わず、林の中から「あろおぉん、あろおぉん」と、甲高い声が聞こえてくる。

妻にも聞こえるならば、そういう生き物が林の中にいるのだろうということになるが、幸か不幸か、妻の耳には一切聞こえることがなかった。

一方、大層不思議なことに、我が家を訪れる一部の相談客には聞こえることがあって、「なんですかね、あの声？」などと尋ねられることがあった。

私はとぼけて「最近、猿が出ているらしいですよ」とだけ答えるようにしていた。

本職なのだし、当初はお祓いなりなんなりをして解決を試みようと考えていたのだが、ちょうど原稿の締め切りに追われて忙しい時期だったこともあり、腰があがらなかった。

声は一日に二度か三度、大体一分か二分ほどわめくように鳴いては、ぴたりと止まる。

耳障りだったが他にこれといった害はないので、無視するようにしていた。

声が聞こえ始めて十日ほど経った、真夜中のことだった。

残り数日に迫った原稿を仕上げるべく、私は仕事場にこもって机に向かっていた。

やがて午前三時を過ぎる頃、少し休もうと思い、台所からピーナッツチョコレートとラムネ菓子を持ってきた。普段は食べないのだが、原稿で頭が疲れた時にだけは食べる。

多分に気休めもあるのだろうが、だるくなった頭が少しだけ冴えて楽になるのだ。

ピーナッツチョコとラムネの封を切った瞬間だった。

「ぎりぎりまででぃびっど！　ぎりぎりまででぃびっど！」

林の中から例の声が聞こえてきた。

「ぎりぎりまででぃびっど！　ぎりぎりまででぃびっど！」

今までとまったく違う鳴き声だったので、ぎょっとなる。

声は何やら興奮している様子で、わけの分からない鳴き声をしきりに繰り返す。

もしかしたらこれかと思い、窓を細く開けてピーナッツチョコとラムネをひとつずつ、林に向かって投げてみた。

とたんに声がはたりと止んで、静かになった。

「え？　嘘だろ。こんなオチ？」

唖然となって聞き耳をたててみるが、声はその晩、再び聞こえてくることはなかった。

翌日以降も声は一切聞こえず、今現在に至る。

猿ではないということ。ピーナッツチョコとラムネ菓子が好物らしいということ。

それ以外に関して、声の主の正体は未だに不明のままである。

# お地蔵さん

中学生の余田《よだ》君が、下校中のことだった。

通い慣れた田舎道を自転車で走っていると、前方を歩く小さな人影が見えた。

お地蔵さんだった。

身の丈五十センチ足らずの小さなお地蔵さんが、こちらへ向かって歩いてくる。

確かこの辺、お地蔵さんがあったよな……。

思いながら道端を見ると、お地蔵さんがあるはずの場所には石の台座があるばかりで、台座の上はもぬけの殻になっている。

驚きながら様子を窺っていると、やがてお地蔵さんは台座の上へと歩いて戻った。

あとはそれっきり。棒立ちの姿勢に固まったまま、ぴくりとも動くことはなかった。

二十年ほど前に交通事故で亡くなった小学生のために作られた、地蔵なのだという。

# ちょうだい！

西日で空が真っ赤に染まる、夕暮れ時。
主婦の照恵《てるえ》さんが台所でコロッケを揚げている時だった。
「ちょっちょ、ちょうだーい！」
ふいにどこからか、舌足らずであどけない、幼い子供の声が木霊《こだま》した。
照恵さんの家に小さな子供はいない。
なんだろうと思って辺りを見回してみたが、誰もいなかった。
外かな、と思って軽くため息をつく。
と、そこへ。
ばくっ！
突然、照恵さんの手元で奇妙な音がはじけた。

驚いて視線を落とすと、油鍋のコロッケがひと口、ばくりと大きく齧《かじ》り取られていた。
何が起きたのか分からず、唖然としているさなかだった。
「もっちょ、ちょうだーい！」
またしても子供の声が、明るく大きく木霊した。
ばくっ！
今度は照恵さんの見ている目の前で、鍋のコロッケがひと口、ばくりと齧り取られた。
ただそれだけ。
あとには何も起こらない。
熱々の油の中、大きな歯型のついたコロッケがふたつ、ぷかぷか浮かんでいたという。

# 隕石

印刷会社に勤める岡《おか》さんが、小学二年生の秋口にこんな体験をしている。

放課後、小学校の裏手にある小高い丘の上で、友人たちと遊んでいた時のことだった。

頭上にふと目を向けると、西日に暮れゆく朱色の虚空の只中に、何やら丸くて巨大な物体が、長い尾を引きながら浮かんでいるのが見えた。

色は線香花火を思わせる、じゅくじゅくと潤んだ橙《だいだい》色。

大きさは目算で、ざっと十メートル以上はあるだろうか。

そんな巨大な物体が、暗灰色に染まった太い煙をむくむくとたなびかせ、丘から望む町のほうへと向かってゆるゆる落下していく。

一緒に遊んでいた友人の誰かが「隕石《いんせき》だ！」と叫んだので、岡さんも隕石だと思った。

確かにテレビや映画などで見る隕石に、その形はそっくりだった。

みんなで隕石らしき物体の動向を窺っているると、それはみるみるうちに高度をさげて、町の上へと迫っていった。しかも隕石が迫りつつあるのは、岡さんが当時暮らしていた住宅地の真上である。

家が壊れてしまう！

声にだして叫ぶまもなく、隕石は吸いこまれるように住宅地の中へと落下した。衝撃に備えてとっさにみんなで身を竦《すく》めたが、予期していた派手な衝撃もこなければ、音すら何も聞こえてこない。

再び視線を向けてみると住宅地にはなんの異変もなく、ただ西日に赤々と照らされて、空には鴉《からす》が飛んだりしている。

「あれって一体なんだったんだろう？」

みんなで首を捻りながら丘を下り、友人たちと別れた。

帰宅して玄関をくぐると、台所のほうで何かが焦げる嫌な臭いがした。

行ってみるとコンロにかけられた鍋からもくもくと煙があがり、床の上にお母さんが仰向けになって倒れていた。

死因は脳卒中だったという。

# 空白時間

ドラッグストアに勤める加絵《かえ》さんから、こんな話を聞いた。

ある日のこと、仕事中に加絵さんは突然ひどい腹痛に見舞われ、退勤時間を普段より二時間ほど繰りあげて早退することにした。

午後の八時半過ぎ、どうにか独り暮らしのアパートまで帰り着き、玄関ドアを開ける。

次の瞬間、目の前に飛びこんできたのは、真っ暗な部屋のまんなかにちょこんと座る、赤い晴れ着姿の若い女だった。

1LKの少々狭苦しいアパート。玄関を開けた先には四畳半ほどのキッチンがあり、その向こうにはフローリング張りになったリビングがある。

女はその床上に、加絵さんと向き合う形で真正面に座っていた。

暗闇の中だというのに顔の表情から着物の柄まで、真昼のようにくっきりと見える。

女は加絵さんと目が合うなり、白い歯を剥きだし、獣のような笑みを浮かべてみせた。

反射的にドアを叩きつけるようにして閉め直し、その場に棒立ちになって凍りつく。

今の一体、誰なんだろう――。

荒くはずんだ息を整え、怖じ怖じとなりながらも、震える手で再びドアを開けてみる。

目の前には、誰の姿も見えなかった。

急いで電気をつけ、女の姿を求めて部屋の隅々を探して回る。

押入れにトイレ、浴室、物置、片っ端から探して回ったが、女の姿はどこにもない。

一瞬、幻でも見たのかと思ったが、闇の中に見えた女の像はあまりにも生々しかった。

思い返してみると再び恐ろしさがこみあげ、全身にがたがたと震えが生じる。

とてもその場にい続けられず、きりきり痛むお腹を庇いながら急いで荷物をまとめる。

荷物をまとめながら彼氏に電話をすると幸いにもすぐにつながり、彼の自宅アパートへ一晩泊めてもらえることになった。

彼氏のアパートへは毎週休日になると泊まりにいくのが、長らくの習慣になっていた。

休日の前の日はあらかじめ勤め先に荷物を持ちこみ、退勤するとそのまま荷物を抱えて彼氏のアパートへ向かう。

翌日は彼氏とふたりで休日を過ごし、その日の晩も彼氏のアパートに泊めてもらって、翌朝、彼氏のアパートから勤め先へ出勤する。

今のアパートへ引越してきてから、およそ一年余り。こんな生活がずっと続いていた。思い返してみると、加絵さんは休日をこのアパートで過ごしたことが皆無である。

続いてこんなことも考えてみる。

普段、職場へ出勤するのは、午前十一時。

仕事が終わって帰宅するのは、大体午後の十時半過ぎ。

今夜のように早々と帰宅したことは、これまでただの一度もなかった。

だから引越し以来今日に至るまで、加絵さんは午前十一時から午後十時半過ぎまでの

およそ〝十一時間三十分〟という時間を、自宅で過ごしたことがないということになる。

家主である自分自身も知らない、この部屋における空白の十一時間三十分。

その空白の時間内に今まで一体、何が起きていたのだろうか。

何がこの部屋に現れ、何を目的とし、何を思い、どんなことをしていたのだろうか。

自分のまったく与り知らないところで、果たして何が起きていたというのだろうか。

フローリングの床上にちょこんと座り、獣のような笑みを浮かべる赤い晴れ着姿の女。

あんなものを視るのは、生まれて初めてのことだった。

脳裏に再び女の画が思い浮かぶと、たちまち膝の力が抜けて、足元がふらつき始める。転ばぬように細心の注意を払い、パニックを起こして街中で悲鳴をあげたりしないよう、神経を張り詰めながら、彼氏のアパートへ向かった。


その後、自宅で女を目撃することはなかったが、気配だけはなんとなく感じた。

自分が部屋にいる時は決して姿を現さず、自分が部屋を空ける空白の時間が訪れると、女は部屋のどこからかのそりと這い出てきて、床上にちょこんと座って笑い始める。

そんな光景が脳裏をよぎるたび、心なしか部屋に漂う気配はますます濃密に感じられ、とても平静ではいられなくなってしまった。

結局、女を目撃してからひと月も経たぬうちに、加絵さんは部屋を引き払った。

現在は彼氏のアパートで暮らしているそうである。

# エレベーター

市街の企画会社で事務職をしている、麻耶子《まやこ》さんの話である。

平日の午後九時半過ぎ。いつものように退勤して、オフィスビルの九階に構えている自社のオフィスから廊下に出て、エレベーターのボタンを押す。

まもなく階上から音もなく箱が降りてきて、目の前の分厚い鉄扉が左右にすっと開く。中を見るとこの時間には珍しく、スーツ姿の男女が四人、箱の中に突っ立っていた。

滑るように中へ入ると、箱の入口付近にいた男性が〝閉める〟のボタンをさっと押し、再び箱が一階のフロアに向かって音もなく、一直線に降下し始めた。

仕事あがりで少し熱を帯びて火照った脳裏に、帰りの電車の時間や明日の予定などをぼんやり思い浮かべ始めた時だった。

足元に軽い重力の反動を感じ、それから箱の扉が左右に再びすっと開かれた。

開け放たれた扉の向こうに目を向けると、スーツ姿の若い男女がまた三人、急ぎ足で箱の中に乗りこんでくるところだった。

入口付近にいる男性が〝閉める〟のボタンを押し、再び箱が、音もなく降下し始めた。

せいぜい二畳程度の、決して広いとは言い難い箱の中に、自分を含めて八人の男女が乗り合わせる。「気をつけ」の姿勢をとってどうにか自分のスペースを確保したのだが、それでも両隣に立つ男女と軽く両肩が触れ合い、微動だにできない状態となる。

それは入社以来、今まで一度も経験したことのない混み具合だった。

ビルのテナントに入っている別の会社で、何か大きな催しでもあったのかな——？

そんなことを考えてみたが、くわしいことは何も分からない。

息苦しさを感じ始めていたところへ再び箱が止まり、扉がすっと開かれる。

前方に並び立つ男女の背中に視界を遮られて見えづらかったが、それでもまた数人の男女が箱の中に入ってくるのがかすかに見えた。

たちまち重苦しい圧迫感が荒波のように押し寄せてくる。

前方に立つ男性の背中が麻耶子さんの胸にぎゅっと当たり、その反動で自分の背中が背後に立つ誰かの前半身にぴたりとなって押しつけられる。

両隣からも強い圧力が加わり、肩がみしみしと悲鳴をあげながら胸の前へと向かって無理やり折り畳まれていく。

肺を圧迫された反動で、のどから勝手に「ひゅう」と苦悶の吐息が風のように漏れた。息苦しさに耐えかね、周囲に固まる男女を少しでも押しのけようと身体に力を入れるが、箱の中はすでに押し寿司のような状態で、周囲はぴくりとも動いてくれない。

扉が閉まる。降下が始まる。

胸苦しさに喘《あえ》ぎながら、「早く下に着いて!」と麻耶子さんは必死になって希《こいねが》う。

だが、数秒ほどでまたしても箱は動きを止め、無慈悲に扉を開かせた。

もはや前方の視界は完全にふさがれていたが、どやどやと熱気を帯びた空気の流れと全身に押し寄せてくる圧力を感じ取り、また人が乗りこんで来たのだと絶望する。

骨が潰れてしまうのではないかと思うほど、身体の前後を物凄い力で圧迫される。

身体の両側からも圧力が加わり、両腕と両脚がみしみしと音を立てながら縮こまる。

一体、この箱の中に何人詰めこまれているのだろう。

十五人?　二十人?　それとももっと大勢?

いずれにせよ、とうに定員オーバーになっているはずなのに、ブザーは鳴らなかった。

扉が閉まり、再び箱が動きだす。

どうにか首を上に向かって捻じ曲げ、扉の上方に備えつけられた階数表示器を仰いだ。

デジタル式の階数表示器は、オレンジ色の光が「三」のところで燈っている。

あと少し、あともう少しで一階までおりる……。

もうこれ以上、止まらないで。もうこれ以上、乗りこんでこないで……。

祈るように数字の列を見守っていると、光が「三」から「二」へと明かりを移した。

箱は止まらず、順調に降下を続けている。

続いて光が「二」から「一」へと移り、まもなく前方で扉が開く音が聞こえた。

渾身の力をこめて前方の肉壁を掻き分け、扉に向かって一目散に足を踏みだす。

開け放たれた扉の先には、白い壁がただのっぺりと、立ちはだかっているだけだった。


金切り声をあげながらふと周囲を見回すと、オフィスビルの裏手に当たる路地にいた。

ビルの一階で経営しているカフェの裏口付近に置かれた、円筒形の大きなゴミ箱。

ゴミ屑がぎゅうぎゅう詰めになったその中に、麻耶子さんは棒のように突き刺さって直立していたそうである。

# 耳吸い

萬田《まんだ》さんという二十代の男性から、こんな話をうかがった。

八月のお盆休み、萬田さんは他県の田舎町で催された贔屓《ひいき》のアーティストが出演する野外フェスへはるばる遠征に出かけた。

行きは高速バスとローカル線を乗り継ぎ、駅からかなり離れた距離にある特設会場へどうにか時間通りに到着することができた。大入りの観客たちが開演を待ち詫びるなか、夕暮れ過ぎからライヴは始まり、大熱狂の末、午後の九時過ぎに全ての演目が終わった。

終演後、急ぎ足で会場をあとにし、駅へと向かって歩きだす。会場からいちばん近いローカル線の最寄り駅は寂れた風情の無人駅で、出発前に確認した時刻表では終演後に出る午後十時台の列車が終電となっていた。これに乗り遅れると、帰りの高速バスにも間に合わなくなってしまう。だからなるべく急いで駅へと向かった。

人気《ひとけ》のない真っ暗な田舎道を一時間ほどかけて歩くと、ようやく件の駅へ戻り着いた。時計は十時を差してまだまもなく、安堵の息を漏らしながらホームに立つ。

ところが終電の発車時間が訪れても、列車はホームに入ってこなかった。

少しダイヤが乱れているのかと、初めのうちは思っていたが、やがて時間が十分経ち、二十分が過ぎる頃になってくると、だんだん不安になってきた。

厭な胸騒ぎを覚えつつポケットからスマホを抜きだし、改めてダイヤを確認してみる。そこでようやく事態が呑みこめ、たちまち目の前が真っ暗になった。

萬田さんが終電だと思っていた列車は平日運行のそれであり、休・祝日運行の終電は、もうすでに二時間近くも前に駅から発車したあとだった。

そういえば野外フェスの会場には車で訪れていた観客も多かったが、帰り足のさなか、自分と同じく駅の方面へ向かう観客を誰一人として見かけることがなかった。

なんとなくおかしいとは思っていたけれど、こうして道理が分かると腑に落ちた。

当たり前である。とうに終電が過ぎた駅になど、誰も向かうはずなどないのだった。

タクシーを呼んで高速バスの発着場まで向かおうと考えたが、近くのタクシー会社に電話して料金を尋ねてみると、べらぼうな金額を告げられた。

あいにく持ち合わせは乏しく、気持ちよく払えるような額ではない。

周囲に一晩泊まれそうな宿も見当たらず、ホームで地団太を踏みながら煩悶《はんもん》した結果、始発が来るまでホームで過ごすしかないと腹を括《くく》る。

不幸中の幸いか、改札口の横手には古びた長椅子が設えられた小さな待合室があった。

季節は真夏ゆえ、外気は蒸されるように暑い。

なんとか一晩過ごすぐらいはできそうなお膳立ては、一応整っていた。

ため息をつきながら待合室の引き戸を開けて荷物を床に置き、長椅子に身を横たえる。

己の確認不足にほとほと呆れ、やり場のない怒りに苛立ちつつも目を閉じる。

初めはこんなところで眠れるか心配だったが、慣れない土地に遠征した疲れと緊張で思考はほどなく鈍り、まもなく深い眠りに落ちた。


どれほど眠った頃だろう。

ふと、耳に感じる違和感で萬田さんは目が覚めた。

長椅子に左半身を下にした姿勢で横になっていたのだが、天井側を向いている右耳に何か生温くて柔らかいものが貼りついている。そんな感触を覚えた。

とっさに振り払おうとしたのだが、手が痺れたように固まって、動いてくれなかった。

気づけば手だけでなく、全身がまったく動かない。

動揺しているところへ耳にくっつく何かの感触がさらに強くなり、それがなんなのかようやく分かった。

唇だった。

湿り気を帯びた柔らかい唇が、右耳に覆い被さるようにしてぴたりとひっついている。

だが、長椅子のうしろは壁である。人が入りこめるような隙間はない。

硬直したまま蒼ざめていると、耳の中で突然「ぺこん！」と乾いた音がはじけた。

耳が吸われて、鼓膜が外側に引っ張られたのだ。

必死になって身をよじろうとしたが、それでも身体は動かなかった。

そこへすうっと冷たい風が耳の中に入ってきて、再び「ぺこん！」と鼓膜が鳴った。

すうっ、ぺこん！　すうっ、ぺこん！　すうっ、ぺこん！

すっ、ぺこ！　すっ、ぺこ！　すっ、ぺこ！　すっ、ぺこ！　すっ、ぺこ！

すぽすぽすぽすぽすぽすぽすぽすぽすぽすぽすぽすぽすぽすぽすぽ！

耳を吸われ、鼓膜がはじける速度がしだいに短く、狂おしいまでに激しくなっていく。

身体はまったく動いてくれなかったが、目の前に映る視界が小刻みに震えているので、ショックで全身ががたがた痙攣《けいれん》しているのは分かった。
今まで一度も味わったことのない、耳に感じるおぞましい感覚にとうとう耐え切れず、萬田さんはそのままふつりと意識を失ってしまった。

再び目覚めると、外が白々と明るくなりかけていた。
長椅子から飛び起きるなり萬田さんは駅から逃げだし、即座にタクシーを呼んだ。
耳にはざわざわとした感覚が残り続け、帰宅してからもなかなか消えなかったという。
翌年も同じ土地で野外フェスが開かれたが、行くのはやめたそうである。
今でも時々、耳を吸われる夢を見てしまうことがあると、萬田さんは語っている。

# 突入前

ある初夏の夜更け過ぎ。

派遣社員の真鍋《まなべ》さんと同僚たちは、地元で幽霊屋敷と呼ばれる廃屋へ出かけた。

車で現地に到着し、一同揃って廃屋の朽ちかけた玄関前へ並び立つ。

同僚のひとりが景気づけに「よっしゃあ、いっちょ行ったるぞおぉ！」と叫びながら、握り拳をこしらえた右手を、天へと向かって高々と突きあげる。

真鍋さんたちも彼に倣《なら》って右手を突きあげ、「おぉ！」と叫んだ瞬間だった。

「おぉ！」の声が、真鍋さんの周囲の闇から何重も、幾重にも、厚い層となって轟《とどろ》いた。

声には若い女や子供、老人とおぼしきそれも混じっていた。

稲妻のような勢いで車の中へ駆けこむと、一向は全速力でその場をあとにした。

# あったりなかったり

浅見《あさみ》さんが暮らす地元の山に、幽霊が出ると噂される古びたトンネルがある。

コンクリート製の簡素な造りで、全長は十メートルほど。

天井には一応、オレンジ色の電灯がついているが、老朽化のためかひどく薄暗い。

トンネルは山中の寂しい一本道の中ほどにあり、近くに民家や店舗のたぐいはない。

ただ、この道は昔から、町外れの集落と町の中心部を結ぶ重要なパイプラインだった。

そのため、地元で利用する人々はそれなりに多く、結果的にトンネルの幽霊話が広がる一要因にもなっていた。

噂にはそれなりの歴史もあり、比較的高年齢の世代にも幅広く伝播していることから、出だしは少なくとも、浅見さんが生まれる数十年前までさかのぼるのだという。

トンネルの噂には、いくつかの例話があった。

曰く。

夜中にトンネル内を走行していると、白装束の女がフロントガラスに落下してくる。

トンネルの入口で手を振る女を無視すると、うしろから四つん這いで追いかけてくる。

山中で乗せた女が、トンネル内に入るといつのまにか姿を消していた、などなど……。

トンネルの怪談話としては、いずれもどこかで聞き覚えのあるものばかりである。

だが、こうした噂が地元で長い間、細々とではあるが、囁かれてきたのは事実だった。


ある深夜、浅見さんは遠方から遊びにきた友人とふたりで、このトンネルへ向かった。

他愛もない世間話から、たまさか件のトンネルの話題となり、すっかり興味を示した心霊好きの友人が、「そんなところがあるなら是非行ってみたい」と申し出たのだ。

暗い田舎道にしばらく車を走らせ、山の中へと入っていく。

九十九折《つづらおり》になった細狭い山道に注意しながら進み、ふたりで談笑しながら山中を進む。

「すげえ楽しみ。本当に何か出るかな?」

そんなことを話し合いながら、トンネルへ向かって車を走らせた。

それからしばらくしたのち。車は下り道を走り抜け、やがて反対側の町中へ出た。
あれ、おかしい。トンネルを通っていない――。
道を間違えたのかと思ったが、トンネルがある山道に脇道などは一本もない。
あまり長いトンネルでもないし、話しこんでいるうちに素通りしてしまったか。
思い直し、浅見さんは再び今来た山道を引き返した。
ない。
もう一度、山の入口まで引き返してみたが、やはりトンネルはなかった。
通い慣れた山道である。勘違いということはまずもって有り得ない。
かといってまさか、自分が知らない間にトンネルが取り壊されたとも考えられない。
土地勘のない友人はきょとんとしていたが、浅見さんのほうはどうしても納得できず、
もう一度トンネルを目指して走ることにした。
昔からずいぶん通った道であるため、間違えるはずなど絶対にない。
確信にも似た思いが、かえって浅見さんを不安にさせた。

数分後。

今度はしっかりと、山の中腹にぽっかり口を開けるトンネルが見つかった。

ああ、やっぱりさっきは気づかないうちに通り越してしまったんだ。

安堵にほっと胸を撫でおろし、トンネルの手前に車を停めた。

降車して、しばらくふたりでトンネル内をびくつきながら歩いてみたが、幸か不幸か、噂に聞くようなものは何も出なかった。

再び山道を下って町中まで行き、それから帰途につくため、もう一度山へと入る。

車はまたしてもトンネルを通過することなく、九十九折の山道を下って山の向こうへとたどり着いてしまった。

「嘘だろ、おい！」

真っ青になって再び引き返そうとすると、助手席の友人がうつむいたまま震える声で、

「もうやめようぜ」とつぶやいた。

「もう十分、いろいろ起きた。やめようぜ……」

友人の切羽詰まったひと声で、浅見さんはようやく自宅へ車を回した。

# 完全無欠

今から十五年ほど前、私が拝み屋を始めてまだまもない頃の話である。

当時は師匠筋に当たる拝み屋について回り、実地で仕事の基本を学ぶ機会が多かった。

そんな頃にあった話である。


長野《ながの》さんという会社員の男性が、家族をつれて夏祭りに出かけた。

それから数日後。

写真屋から帰ってきた奥さんが顔面蒼白で、現像されてきた写真を家族の前に広げた。

今となっては珍しい、三十六枚撮りのインタスタントカメラで撮影されたその写真は、夏祭りの会場となった神社境内で夜間に撮影されたもので、笑顔ではしゃぐ子供たちの写真を中心に、屋台の軒先やお囃子《はやし》の行列など、祭りの風景を収めたものだった。

ところが焼きあがってきた写真を見るなり、一家の顔から一斉に血の気が引いた。
ピースサインをするふたりの子供たちの前を、橙色に光る生首が横切っている。
お囃子をする行列の足元から無数の白い手が生えている。
屋台の前で笑う子供たちの前に、うねるような光の筋をたなびかせて舞う生首。
ステージの上で余興を披露する演者の脇にずらりと並ぶ、白い人影。
緑、青、赤、橙。様々な色に輝く無数の顔と光の筋。
長野さんの顔を覆うように写る金色の指。
色彩が反転したかのように顔面だけ蒼白に写った奥さんの顔。そして無数の光の筋。
本殿の前を飛び交う、人の顔がついた白い吹流しのような物体。
お囃子と一緒に行進する、足のついた雑巾《ぞうきん》のような物体。
光の軌跡を残しながら広場を漂う、武者兜《かぶと》を被った緑色の生首。

どの写真にもかかならず何かが写っていた。
普段は非科学的な物を一切信じない長野さんも、さすがに言葉を失ってしまった。

顔はきちんと顔に見え、手はしっかりと手に見える。

二重写しや光のいたずらではない。目の錯覚や気のせいでもない。

そんな簡単なものでは決してない。長野さんがそう断じてしまえるだけの生々しさを、写真の山は漂わせていた。

「ねえ、これ見て……。やだこれ、見てこれ！　やだあ！」

それまで無言で写真を見入っていた、小学校六年生になる娘が突然叫んだ。

娘が震えながら指差す写真を見ると、夏祭りのあと、自宅で奥さんが余ってしまったフィルムで撮影した三枚の写真だった。


玄関口を上がった階段前に立つ長野さんと娘、小学校三年生になる息子。

その周囲を飛び交うように、顔のついた白い吹流しのような物体が三体写っている。

茶の間のテーブルに座り、屋台で買ってもらったお面を被る息子。

その顔を遮《さえぎ》るようにして、金色の長い指が四本写っている。

テレビを観ながら笑う長野さん。

その頭の上に、緑色の顔と白いもやもやしたシルエットの生首が浮いている。

「ついてきた……」

奥さんが呆けた声でぼそりとつぶやき、続いて耳をつんざくような金切り声をあげた。同時に長野さんと子供たちも、こんなに声が出るのかと思うほど、大きな悲鳴をあげた。


後日、長野さんの自宅に呼ばれた師匠に、私も同行した。

実際に写真を見せてもらったが、見ているだけで身の毛もよだつほど厭な写真だった。齢《よわい》六十を超える老練の師匠は、怯える一家を尻目に神棚の前で淡々と魔祓《まばら》いの儀式を執り行い、それから写真を白い紙に包むと庭先へ出ていった。

貴重な物なので、内心少し「欲しいな」と思っていたのだけれど、あとの祭りだった。写真は即座に火をつけられ、みるみるうちに黒い灰へと姿を変えた。

帰り道、「参考資料に貰っておけばよかったんじゃないですか?」と師匠に尋ねると、「馬鹿者」と返された。

斯様《かよう》にして〝本物〟は世間から人知れず姿を消してゆくのだなと、私は肩を落とした。

まだ駆けだしで、青臭い頃の話である。

# にょっきり！

早朝。年配の原木《はらき》さんが新聞配達のため、まだ薄暗い住宅街を自転車で走っていると、

にょっきり！

突然、前方の路面に全身真っ茶色で素っ裸の小男が、地面から直立不動で生えてきた。

「うわっ！」

突然の出来事にブレーキが間に合わず、原木さんの自転車が男めがけて突っこむ。

ずっぽり！

自転車が男にぶつかる、まさにその紙一重の刹那だった。
今度は男の身体が地面に吸いこまれるように、一瞬にして消えた。
ようやくブレーキが効いた自転車をぐるりと翻《ひるがえ》らせ、驚きながら後方を振り返る。

べっとり！

男が現れ、消えた場所に、太い犬の糞が一本、まんなかに轍《わだち》を残して潰れていた。

# 半纏

ある冬の朝、上沼《かみぬま》さんが目覚めて布団を脱けだすと、愛用の半纏《はんてん》が見当たらない。
昨夜、眠る前に布団の脇に畳んで置いたはずなのに、影も形もなくなっている。
部屋中を隈《くま》なく探してみたものの、それでも半纏は見つからない。
部屋を抜けだし、台所や風呂場も覗いてみたが、やはり半纏は見つからなかった。
再び部屋へ戻ってくると、上から何かがばさりと落ちて、頭の上に被さった。
見ると愛用の半纏だった。
上沼さんの部屋には、頭上に半纏を引っ掛けられるようなものは何もない。
両手で半纏を握り締めながら、しばらくその場で放心したという。

# コーヒーカップ

朝早く、目覚めとともに熱いコーヒーを淹れる。
寝ぼけ眼でカップの中を覗くと、見知らぬ女がこちらを見あげて笑っている。

# どこから来たのか

保険会社に勤める秋絵《あきえ》さんが、小学校一年生の頃にこんな体験をしている。

当時、秋絵さんの同級生に三重子《みえこ》ちゃんという子がいた。

口数の少ない大人しい子で、決まった友達もおらず、休み時間は机にノートを広げて、独りで絵を描いているような存在感の薄い子だった。同じクラスに気心の知れた友達が何人もいた秋絵さんは、三重子ちゃんと言葉を交わす機会はあまりなかった。

ところがある日の放課後、何かのはずみで三重子ちゃんが秋絵さんに声をかけてきた。

きっかけはよく覚えていないが、たまたまふたりきりになったところへ三重子ちゃんが「今日、うちに遊びにこない?」と誘ってきた。

それだけはよく覚えている。

特に用事もなかったので、ランドセルを背負ったまま三重子ちゃんの家に行った。

　玄関をくぐり、居間へ通されると、三重子ちゃんが「ちょっと待っててね」と言って家の奥へと消えていった。それから少しして、再び戻ってきた三重子ちゃんの両手には、水の張られた大きな金魚鉢があった。

「ねえ、これ見て！　すごいんだよ！」

　明るい声をはずませ、三重子ちゃんが秋絵さんの目の前に金魚鉢をずいと差しだす。

　金魚鉢の中には体長十センチほどの、人の顔をした魚がいた。

　頭には長い黒髪が生えていたが、顔全体はぶよぶよと浮腫《むく》み、赤ん坊のように見えた。髪の毛と同じく、鱗《うろこ》やひれも全て真っ黒である。ちょうど鯉《こい》のような体形をしていた。

　そんな奇妙な生き物が、金魚鉢の中でふよふよと上下に浮いたり沈んだりをしながら、秋絵さんの顔を無表情で見つめている。

「なんなのこれ？」と尋ねると、三重子ちゃんは「人魚の赤ちゃん！」と答えた。

　得意げな笑みを浮かべ、三重子ちゃんは居間の座卓の上に金魚鉢を置くと、戸棚からかりんとうの袋を取りだし、金魚鉢の水面の上にひらつかせる。

　すると〝人魚の赤ちゃん〟は、ぱちりと大きく目を見開き、ざぶりと音をたてながら水中から上半身を突きだした。

「女の子だから、かりんとうとかお饅頭《まんじゅう》とか、お菓子系が大好きなんだ」

言いながら三重子ちゃんが〝人魚の赤ちゃん〟の眼前にかりんとうを差しだす。

とたんに〝人魚の赤ちゃん〟は、大口をばっくりと広げ、自分の顔ほどの太さがあるかりんとうをぼりぼりと夢中になって齧り始めた。

ものの数秒でかりんとうは、〝人魚の赤ちゃん〟の腹の中に消えた。三重子ちゃんがすかさず二本目のかりんとうを差しだすと、それもぼりぼりと一瞬で平らげた。

三本、四本、五本――。差しだされれば差しだされた分だけ、〝人魚の赤ちゃん〟はかりんとうを吸いこむように平らげていく。

かりんとうは、いずれも七、八センチほどの長さがあり、〝人魚の赤ちゃん〟の体長とほとんど変わらないサイズである。それにもかかわらず、〝人魚の赤ちゃん〟はまるで底なしの胃袋でも持っているかのように、次々とかりんとうを頬張っては腹に収めた。

「かおぉぉぉん！　かおぉぉぉぉん！　かおぉぉぉぉん！」

突然〝人魚の赤ちゃん〟が頭上をまっすぐ見あげ、甲高い鳴き声をあげたので驚いた。

「嬉しい時に鳴く声！　まだこの子は話せないけど、代わりにいろんな声で鳴くんだ！どう？　かわいいでしょ！」

奇妙な鳴き声をあげる〝人魚の赤ちゃん〟の傍らで、三重子ちゃんが笑顔で尋ねる。

正直なところ、かわいいとは思えなかった。代わりに、目の前にいる生き物に対して理解がまるで追いつかず、ただただ動揺し、ひたすら圧倒されるばかりである。

「……これ、どこで見つけてきたの？」

「かわいい」という返答の代わりに、それだけ尋ねるのが秋絵さんには精一杯だった。

「この子？　ええとね、この子はうちでう――」

はずんだ声で、三重子ちゃんが答えかけた時だった。

突然、玄関戸が凄まじい音をたてて開かれたと思うと、鬼のような形相をした女性が、居間の中へと飛びこんできた。

とたんに三重子ちゃんが、はっとした顔になって身を竦《すく》ませる。

「あ、お母さん、あのね――」

おどおどした口調で三重子ちゃんが何かを話そうとした瞬間、三重子ちゃんの身体が横殴りに宙を舞った。三重子ちゃんのお母さんとおぼしき女性が、三重子ちゃんの頬を思いっきり張り飛ばしたのである。

「このバカッ！　自分が何をやってるのか、分かってんのかッ！」

居間の壁に頭を打ちつけ、横倒れになってわんわんと大泣きを始めた三重子ちゃんに、お母さんは大声を張りあげて怒鳴《どな》りつけた。その声音には、とても小さな子供に向けて発しているとは思えないほど、凄まじい怒気と憎しみのようなものがこもっていた。

畳の上で「ごめんなさい！　ごめんなさい！」と謝る三重子ちゃんには目もくれず、代わりにお母さんは、秋絵さんのほうに顔を向けた。

「ごめんねえ、騒がせちゃって。でも、今日ここで見たもの、誰にも言わないでね？」

娘を張り飛ばした時の凄まじい形相から一転して、今度は大げさな作り笑いを浮かべ、お母さんは秋絵さんに向かって、「ね？」と小首を傾げてみせる。

「はい」というより他なかった。お母さんの顔に浮かぶ笑みの裏には、未だに凄まじい怒気と殺気めいた恐ろしさが、透けるように見え隠れしていたからだ。

秋絵さんに「約束ね？」と念を押すなり、お母さんは座卓の上から金魚鉢を抱えあげ、風のような勢いで家の奥へと消えていった。

あとに残されたのは、居間の隅っこで狂ったように泣きじゃくる三重子ちゃんの姿と、呆けたようにそれを眺める秋絵さんの姿だけだった。

翌日以降、三重子ちゃんは秋絵さんに一切声をかけなくなってしまった。

秋絵さんが話しかけようとすると鋭い目できっと睨まれ、無言の拒絶をされてしまう。

元々学校では目立たない大人しい子だったが、それから以後は他のクラスメイトとともほとんど口を利かず、喜怒哀楽を見せることすらめっきり少なくなった。

小学校を卒業すると、三重子ちゃんの一家はどうやら他県に引越してしまったらしく、その後の消息はまったく分からなくなってしまった。


「わたしが見た生き物って、郷内さんはなんだと思います?」

仕事場の座卓を挟んだ向かいから、秋絵さんが私に尋ねる。

私は「分かりません」と答えた。

ぶよぶよと浮腫《むく》んだ赤ん坊のような顔に長い黒髪を生やした、全身真っ黒の奇妙な魚。三重子ちゃんが〝人魚の赤ちゃん〟と語っていた、得体の知れない生き物。

一体どこからあんな生き物を見つけてきたのか――。

もう何十年も前の、その問いかけに三重子ちゃんは答えられなくなってしまったけれど、大人になった秋絵さんには、ひとつの推察があるのだという。

――まだ〝この子は〟話せないけど、代わりにいろんな声で鳴くんだ！

――これ、どこで見つけてきたの？

――この子？　ええとね、この子はうちで〝う〟

当時の秋絵さんの質問に三重子ちゃんは、こう答えようとしたのではないかという。

「『この子は、うちで産まれた子なんだよ』です。三重子ちゃんは、『まだ〝この子は〟話せないけど』とも言ってますよね？　三重子ちゃんの発言をつなぎ合わせて考えると、すごく厭な想像をしてしまうんです」

あの家の奥にはきっと、人の顔をした大きな魚が、水槽か生簀の中で泳いでいたのだ。それも一匹ではなく、何匹もうじゃうじゃと。

「何が目的なのかは分かりませんけど、繁殖させていたんじゃないかって思うんですよ。もちろんわたしの頭が考えだした、単なる推測ですから、なんの確証もないんですけど。で、仮にそう考えると〝人魚の赤ちゃん〟がどこから来たのかまでは分かりますよね？　でもじゃあ、大本の親人魚は一体、どこから来たんだってことになってしまうんです」

結局、それがどこから来たのかは分からない。
けれども小学一年生のあの日、確かに自分は見たのだと、秋絵さんは話を結んだ。

# 指

会社員の知代《ともよ》さんが、友人たちと地方の小さな民宿へ泊まりに行った時のこと。

夕食を食べ終えたあと、宿の主に勧められるまま風呂へ入った。

家庭用のごく小さな風呂だったので友人たちと話し合い、知代さんがいちばん最初に入ることになった。

湯船に入ってしばらく身体を温め、それから浴室の壁面に貼られた鏡の前に腰かける。

続いて洗顔剤を手のひらへ練りだして泡立て、両手で顔を包むようにしてあてがう。

指先を顔中に滑らせ、丹念に洗顔している時だった。

顔の肌にふと、違和感を覚えた。

泡にまみれた両手の指は、鼻に額に頬に口にと、顔中をまんべんなく滑っている。

ところがその指の感触が、少し多いように感じられた。

たとえば両手で頬を集中的に洗っていると、鼻筋にもかすかに指の感触を覚える。逆に指先を鼻筋へ集中させると、今度は額や頬の位置に余分な指の感触を覚える。奇妙な胸騒ぎを感じ、顔を洗い続けながら全ての指の配置を確認してみた。

親指、人差し指、中指、薬指、小指——。

両手の指の感触を一本一本確かめていくと、自分の物ではない指が何本か、明らかに顔の上を滑っているのが分かった。

とたんに心臓がどきんと高鳴り、指の動きが悴《かじか》んだように鈍くなる。

しかし、動きの鈍った自分の指とは別に、顔の上をぬらぬらとあわただしく這い回る指の感触が何本もあった。同時にぞくりと背筋に悪寒が走る。

目を開けば、正面には鏡がある。指の正体がなんなのか、確認することができる。けれども、だからこそ、目を開けたくなかった。

鏡を見たら何かとんでもないものが見えそうで、まぶたはかえって固く閉じ結ばれた。そこへぬらぬらとした感触が一斉に、顔全体を覆い尽くすように走りだす。

「ひゃっ！」

驚きと恐怖で両肩がびくんと跳ねあがった瞬間、つられて両目が開いてしまった。

鏡に映る自分の顔に無数の指が生えて、もぞもぞと蠢《うごめ》いていた。
指は顔中を覆い尽くし、まるで生きたうどんのように波打っていた。
悲鳴をあげながら両手で顔を拭うと、ぶにゅぶにゅとした感触が指の間に走った。
半狂乱になって浴室を飛びだすなり、知代さんはそのまま意識を失ってしまった。

その後、騒ぎを聞いて駆けつけた宿の主と友人たちに揺さぶり起こされ、事の次第を説明したものの、宿の主は不審そうな顔で首を捻《ひね》るばかりで、まるで要を得なかった。
一方、友人たちは知代さんの話に怯え、結局この夜、誰も風呂には入らなかった。

この晩以来、知代さんは時折、同じ現象に見舞われている。
自宅の風呂場で洗顔していると、顔中をぬらぬらと這い回る指の感触を覚える。
恐る恐る目を開けると顔中に無数の指が生えて、ぬらぬらと這い回っている。
こんなことが時折起こるので、今では顔を洗うのが堪《たま》らなく厭なのだという。

# 手

サービス業をしている、久仁子《くにこ》さんの話である。

真冬の夜、久仁子さんは買ったばかりのコートを着て勤め先へ向かっていた。

繁華街の雑踏を歩いていると、ふいに両手を誰かにぎゅっと掴まれた。

驚いて左右を振り向いてみたが、誰もいない。おかしいなと思って視線を手のほうへ落としたとたん、悲鳴をあげた。

コートの両袖から真っ白い手がぬっと突きだして、久仁子さんの両手を掴んでいた。

その場でコートを脱ぎ捨てると、寒さに震えながら雑踏の中を駆けだした。

以来、ネットオークションで古着を買うのはやめたそうである。

# 足

小竹《こたけ》さんのアパートに、彼女が泊まりに来た夜のこと。

風呂からあがり、パジャマに着替え、ふたりで布団に入り、電気を消す。

ナツメ球が燈す薄明かりの中、彼女と向き合い、話をしていると、小竹さんの足に彼女の足がこつりと触れた。背筋がぶるりとなるほど、彼女の足は冷え切っていた。

彼女は極端な冷え性だったので、少し心配になった。

「寒い？」

尋ねると彼女は「大丈夫」と、微笑《ほほえ》んだ。

温めてあげようと思い、彼女の足に自分の足を絡みつかせる。

湯あがりでまだ熱気のこもる小竹さんの足を絡めても、彼女の足は一向に温まらない。

しばらくすると、ふいに彼女の足の指が小竹さんの足の裏をくすぐり始めた。

堪《たま》らず「ひゃっ」と声をあげると、彼女が驚いた顔で「どうしたの?」と尋ねてきた。

「どうしたのって……ちょっとさ、くすぐったいんだけど……」

苦笑しながら彼女の額を人差し指でつんとやる。

ところが彼女はきょとんとした顔で小竹さんを見つめ、「何が?」と聞き返してきた。

え。と思い、とたんにはっとなった。

冷え性の彼女は毎晩かならず、靴下を履いて布団に入る。

それなのに今、小竹さんの足をくすぐっている冷たい足は、素足だった。

「うわっ!」

反射的にがばりと布団を捲りあげる。

布団の中で小竹さんの片足に女の長い脚が一本、蛇のようにぎゅっと絡みついていた。

指先は、小竹さんの足の裏をうねうねとくすぐっている。

ふたりが悲鳴をあげて布団から飛びだすと、脚は膝《ひざ》を「く」の字にくいっと折り曲げ、ざざと衣擦れの鋭い音を響かせながら、布団の奥へと消えていった。

# ザリガニ神社

二〇一二年の夏だったと思う。

むしむしと湿気ばんだ熱気が戸外に渦巻く、ひどく蒸し暑い夜。望《のぞみ》さんという女性がふたりの息子を引き連れ、私の仕事場を訪れた。

息子たちはそれぞれ、中学校三年生になる智之《ともゆき》君、小学校四年生になる祐樹《ゆうき》君という。

「病院ではどこにも異常がないって診断されましたし、安心してもいいんでしょうけど、それでもなんだか気持ちが悪くって……。ぜひともお祓いをしていただきたいんです」

小学生の次男・祐樹君の顔にちらりと視線を向けながら、望さんが私に言った。

私も祐樹君のほうに目を向けたが、外見上は特にこれといった異常は感じとれない。

「その子に何かあったんですか？」

私の発した率直な問いかけに、望さんはゆっくりと事情を語り始めた。

今から十時間ほど前。その日の午前に起きた話だという。

望さんの自宅は、市街地のはずれに建ち並ぶ団地の中にある。郊外の住宅地とはいえ、周囲には手つかずの雑木林や小川なども点在し、比較的閑静な環境なのだという。

午前七時過ぎ。朝食を摂り終えた望さん一家は、それぞれ勤め先と学校に向かうため、順番に家を出た。

最初に旦那さんが出発し、その次に望さん。その後、七時三十分頃になって中学生の長男・智之君が出発する。

自宅に最後に残っていたのは祐樹君だった。祐樹君の通う小学校は、団地から徒歩で十分ほどの距離にある。そのため望さん夫妻や智之君と違い、祐樹君が自宅を出るのは毎朝決まって八時頃なのだという。

一家が自宅を出てからおよそ一時間後の午前九時過ぎ、就業中の望さんの携帯電話に小学校から連絡が入る。祐樹君が登校していないという、担任からの連絡だった。

とたんに嫌な胸騒ぎを覚え、急いで自宅に電話を入れた。ところが何度コールしても電話に祐樹君の出る気配はない。

一時間目の授業が終わる時間を見計らい、今度は智之君の携帯電話に連絡を入れた。智之君に現状を伝え、自宅を出発する直前の祐樹君の様子について尋ねる。

智之君の回答は以下のとおりである。

中学校への出発直前、玄関口で靴を履きながら、智之君は「お前も早く出ろよ！」と祐樹君に声をかけた。リビングでテレビを観ていた祐樹君は「うん、分かってる！」と、大きな声で即答した。その声音に普段と違った様子は感じられなかったという。

智之君の証言から推測してみると、少なくとも祐樹君は、智之君が中学校に登校する七時三十分頃にはまだ、自宅にいたという計算になる。

続いて小学校に電話を入れる。担任に取り次いでもらい、今後の流れを相談し合った。相談の結果、まずは担任と自宅から小学校までの道筋を探してみようということになり、望さんは急いで自宅へと戻った。

それからさらに一時間後の午前十時近く。

望さんが自宅へ到着すると、団地の入口に祐樹君の担任と智之君、それから智之君の担任である女性教諭の姿まであった。事態を重く考えた智之君が事情を説明したところ、車で団地まで送り届けてくれたうえ、一緒に探すと申し出てくれたのだという。

ふたりの担任にお礼を言いながら、ただちに現状を確認する。

しかし、返ってきた答えは芳しいものではなかった。

望さんが団地に戻るまでの約一時間、担任ふたりと智之君の三人で、通学路の周辺はすでにほとんど探し尽くしていた。しかし、それでも祐樹君は見つからないという。

夫と警察に連絡を入れるべきではないか——。

思いはしたが、しかしまずは自分も動かずにはいられなかった。

智之君が言うには、玄関に祐樹君の靴はなく、家の中にランドセルもなかったという。ならば少なくとも、消えた息子は家の中にではなく、外にいるということになる。

もう一度、自宅の近いところから探し直してみようと思い、団地の階段を駆け上った。

自宅の玄関前まで戻り、再び階段をおりながら各階の通路を端から端まで探して歩く。

団地の外では智之君らが散開し、祐樹君の捜索を再開していた。

しばらく団地の中を歩き回っていた時だった。

外の駐車場から「お母さん！」と叫ぶ、智之君の声が聞こえた。

はじかれたようにその場を駆けだし、大急ぎで駐車場へ向かう。団地から外へ出ると、駐車場の片隅に設置された受水槽の前に智之君と担任たちが集合していた。

団地内に飲料水を供給するこの受水槽は、横幅五メートル、奥行き三メートルほどの四角い無骨な造りのタンクである。底部には高さ三十センチほどの細長い鉄骨が敷かれ、地面からわずかに浮いた構造になっている。

「どうしたの？」と尋ねると、智之君が受水槽の下を指し示した。

その場に膝を突いて身を屈め、中を覗きこむ。

狭苦しい受水槽の下、そのまんなか辺りに黒いランドセルが転がっているのが見えた。手を伸ばしてみたが到底届くような距離ではなく、さりとて潜りこんで取ってくるにはあまりにも天井が低すぎて無理だった。

どこかに長い棒でもないかと思い、みんなで周囲を見まわしてみる。と、望さんの視線が団地の壁面の一角に止まった。

団地の側面に当たる一階部分の壁全面に、青いビニールシートが張り巡らされていた。この壁は昨年の震災で傷んだ外壁を補修するため、数ヶ月前から工事をしているのだが、最近は業者が忙しいためなのか、シートを張ったまま放置された状態になっていた。

シートの中にはわずかな隙間があるため、もしかしたら工事に使う鉄パイプか何かがあるかもしれない。

思った望さんは急ぎ足で壁へと向かい、シートの隙間を覗きこんだ。

いた。

ビニールシートの内側で、祐樹君が全身をがたがた痙攣させながら突っ立っていた。

悲鳴をあげながら、望さんが祐樹君の身体にすがりつく。

しかし、望さんの腕の中で祐樹君の身体はなおも激しくがたつき、一向に治まらない。

顔と両手は天に向けられ、目は白目を剥《む》き、口からは真っ白い泡が噴きだしていた。

祐樹君の着ていた衣服は湿った土にまみれ、薄黒く汚れていた。先刻、受水槽の下で発見したランドセルが、望さんの脳裏をかすめる。受水槽の下は湿った地面なのである。

やはりこの子が潜って、ランドセルを置いたのだろうと望さんは思った。

望さんから一拍遅れてこの光景を目の当たりにした智之君と担任たちも、青くなって悲鳴をあげた。みんなで祐樹君を取り囲み、がたつく身体を止めにかかる。

一同、口々に祐樹君の名前を叫んだり、頬を叩いたりを懸命に繰り返していくうちに
やがて少しずつ痙攣は治まり、ついに祐樹君が事切れるように意識を失った。

その後、祐樹君の担任が救急車を要請し、祐樹君は近くの総合病院に緊急搬送された。望さん自身は症状から察して、癲癇《てんかん》などの病気をいちばんに疑った。

ところが精密検査の結果は意外なものだった。

祐樹君の身体は脳を含め、なんらの異常も発見されなかった。望さんが懸念していた癲癇の疑いもないだろうと診断され、当の祐樹君本人も救急車が病院に到着する頃には意識を取り戻し、体調にもまったく異変が見られなかったという。

結局この日、祐樹君は入院することもなく、即日帰宅が許された。医師の診断のみを受け容れれば、これは不幸中の幸いというか、むしろ喜ばしい顛末《てんまつ》なのだと思う。

ただ――それでも、である。

「それでも何か、妙に引っかかるものがあるんです。病気でないならなんなのかって」

切迫した表情で、望さんが私の目を見つめる。

どことなく腑《ふ》に落ちないというのは、私も同じだった。

この日の失踪時に関する記憶が、祐樹君の頭にはまったくなかった。覚えているのは自宅を出たあと、いつもの通学路を歩いている途中までの記憶なのだという。

その後の記憶の続きは、救急車の中で意識を取り戻したところから再開されている。

望さんに発見され、一瞬のトランス状態に陥った時の記憶もまったくないそうである。

受水槽の下で発見されたランドセルはその後、棒を使って引きずりだされ、祐樹君の物であることが判明していた。ただし、祐樹君自身はなぜあんなところにランドセルを置いたのか、やはりまったく記憶にないのだと語る。

祐樹君が発見されたのは、午前十時三十分頃だった。

自宅で最後に存在が確認された、午前七時三十分過ぎから約三時間。

この空白の三時間に一体何があったのか。私もひどく気になった。

「ここ最近で、身の回りで何か変わったことはなかった？」

望さんの隣に座る祐樹君に声をかける。

「いや……特に何もないです」

少し困惑したような色を浮かべ、祐樹君が答える。

「じゃあ、どこか普段行かないような変わった場所に行ったとか、そういうことは？」

「うーん……ないと思います」

記憶をゆっくりとなぞるように、祐樹君が答える。

なるほど、と思いながらもやはり何か、とんでもないものが原因になっているような気がして、気分が落ち着かなかった。

望さんに頼んで、団地から小学校までの簡単な地図を描いてもらった。Ｂ４サイズのコピー用紙にボールペンで簡素な地図が描かれていく。

完成した地図を俯瞰《ふかん》しながら、紙面に描かれたロケーションの一点一点をじっくりと検《あらた》めていく。

望さん一家が住む団地。ランドセルが発見された受水槽。祐樹君が発見された団地の壁面に張られたビニールシート。

団地から視軸をずらし、続いて小学校までの通学路をたどっていく。

団地の周囲は道路沿いに民家が軒を連ねている他は、空き地や雑木林があるばかりで、特に目立ったものは見られない。地図上に描かれていない空白の部分について望さんに尋ねても、大半が「雑木林」か「空き地」という回答が返ってくるばかりである。

通学路をさらにたどり、小学校の近くまで来ると、道路沿いに小さく鳥居のマークが描かれているのが目に入った。「これって神社ですか?」という私の問いに答えたのは望さんではなく、祐樹君のほうだった。

「あ、それザリガニ神社です」

「ザリガニ神社？」

「本当はそういう名前じゃないんですけど、わたしも馴染みがないから分からなくて」

苦笑しながら望さんが補足する。

「どうしてザリガニ神社って言うの？」

「神社の中に小さい池があって、そこにザリガニがいっぱいいるんです。だからみんな、ザリガニ神社って呼んでるんです」

祐樹君が答える。

「祐樹君はここでザリガニを捕ったりして遊ぶことがあるの？」

「ヒマな時とか、たまにやります」

「最後にここでザリガニを捕ったのはいつ？」

そこでほんのわずか、祐樹君の言葉が止まった。

「……昨日、です」

声のトーンが少し曇り、小声で祐樹君が答える。

「昨日捕ったザリガニって、どうしたの？」

なんとなく確信に触れた予感を覚えた。

祐樹君の目をまっすぐ見つめ、問いかける。

「……潰しました」

ふるふると唇をわななつかせ、消え入りそうな声で祐樹君が答える。

「潰したって、どういうこと？」

努めて語気を穏やかにして尋ね、祐樹君の回答を辛抱強く待つ。

「ごめんなさい……」

短い謝罪の言葉と同時に、祐樹君の目からぽろぽろと涙がこぼれだす。それから彼は、昨日自分が神社でおこなった一部始終を嗚咽《おえつ》交じりの声で語り始めた。


昨日の夕方近くだったという。

学校を終えて帰宅した祐樹君は、捕獲網とバケツを両手に件《くだん》のザリガニ神社へ赴いた。境内の片隅にある池に網を入れると、面白いようにザリガニが捕れた。池に網を沈め、水底を撫でるように掻き回して引きあげるたび、小さな網がぱんぱんに膨れあがるほど、大量のザリガニが捕れた。例年に比べると、信じられないほどの数だったという。

持参したバケツは、すでに一回目の収獲で満杯になっていた。これ以上掬《すく》いあげても どうしようもないことは、祐樹君も分かっていたという。

だが、やめられなかった。水中に網を突っこんで、掻き回す。ほんのわずかな労力で大量のザリガニがたやすく自分の手に落ちることに、強い高揚感を覚えていた。

五回、六回、七回、八回と、熱に浮かされたように池からザリガニを引き揚げ続けた。無論、バケツになど収まらないので、あとのザリガニたちは池のほとりにぶちまけた。水辺はたちまちザリガニたちの甲殻で真っ赤に染まった。

十回ほど引き揚げたところで、祐樹君もそろそろ飽きてきた。強い興奮も治まり始め、ふと周囲に視線を投げかけると、池のほとりは無数のザリガニがうじゃうじゃと蠢《うごめ》いて、真っ赤な絨毯《じゅうたん》のようになっていた。

「ほんとに……ほんとにごめんなさい……」

しゃくりあげながら、祐樹君が私に謝る。私は「大丈夫だから続けて」と促《うなが》した。

全部、池に戻してあげればよかったのに……と祐樹君は後悔しながら話を続ける。

子供心とは不可解なもので、時として突発的にとんでもない行動を起こすことがある。無邪気であるがゆえに罪悪感すらもなく、無心のままに信じがたいほど残忍になる。

池のほとりに蠢くザリガニたちに足を乗せると、祐樹君はそれを靴の裏ですり潰した。五匹や十匹ではなく、漏れなく、万遍なく、余すことなく、その場の全てをすり潰した。円を描くように足首を回転させると、ごりごりとした感触が靴越しに足の裏へ伝わる。足をあげると粉々に砕けた赤い甲羅と白い肉、黄色い体液などがぐちゃぐちゃになって湿った土の上に広がっている。

こんな光景を漠然と眺めながら、祐樹君は一心不乱にザリガニたちをすり潰した。池のほとりに蠢くザリガニたちを潰し終えると、バケツに詰めこんだザリガニたちも同じようにすり潰した。

全てが終わると、池のほとりには個体の識別すらもできなくなったザリガニの残骸が、生臭い臭気とともにどろどろの液体に変わり果てて濡れ広がっていた。

祐樹君はその光景を横目に一瞥しながら、神社をあとにしたのだという。

話を終えた祐樹君の嗚咽は、一層激しいものになっていた。涙と一緒に鼻水を垂らし、顔中をぐしゃぐしゃにしながら泣き続けている。

この子は別段、異常な嗜好性を持つような子ではないのだと私は思う。

確かにこうした所業は褒められたものではないし、残忍な行為であるといえる。

しかし先述したとおり、子供心というのは実に不可解なもので、時として無邪気さと好奇心が暴走し、思わぬ残虐行為に及んでしまうことが往々にしてあるのだ。

私自身も小学生の時分には、ザリガニや小魚に爆竹を突っこんで殺したことがあるし、気まぐれに蛇の頭を踏み潰したこともある。

長じた今となっては、後ろめたい気持ちに駆られることしきりである。

訊けば祐樹君がこんなことをしてしまったのは、初めてのことなのだという。

ならばいいと言うわけではないが、仕方がないのではないかとも思った。

「大丈夫だよ」と私は言った。

「けれどもきちんと謝らなくちゃね」と、つけ加えたうえで。

祐樹君は「はい……はい……」と何度もうなずきながら、私に謝罪を約束してくれた。

「原因は多分、これだと私は思いますよ」

望さんのほうへ向き直り、私は珍しく確信を持って断言する。

「ええ。わたしも多分、そうだと思います……」

答えた望さんの声は、ほんのわずか震えていた。

「今の話を聞いていて、思いだしてしまったんです。きっと間違いないと思います」

「何を思いだしたんですか？」

私の問いに、望さんがおずおずと口を開く。


団地の駐車場に設置された受水槽。高さ、わずか三十センチ足らずの床下に祐樹君のランドセルはあった。それも床下のほとんど中央付近に。

子供であっても這い進んでいくには難渋させられるほど、天井は低い。

ただ、それでも息子はこの受水槽の床下へと入りこみ、ランドセルを置いたのだろう。それは、のちの発見時に衣服が土まみれになっていたことからも容易に察せられる。

祐樹君が受水槽の床下に潜りこんでいる光景を頭に思い浮かべた時、望さんは思わず血の気が引いたのだという。

背中が天井に擦りつくほど窮屈な、受水槽の床下。腹ばいの状態で身をよじりながら進んでいくその姿は――。

「まるでザリガニみたいじゃありませんか？」

絞りだすような震え声で語った望さんの言葉に、私もしんとした寒気を覚えた。

そこへ長男の智之君が「あっ……」と小さくうめき声をあげた。

「そう言えばそうです。やっぱりザリガニですよ……」

団地の側壁に張られたビニールシートの内側。祐樹君が発見された時の様子を回顧し、智之君の肩身がぶるりと大きく震えあがった。

棒立ちの状態で頭と両手を天に向かって振り仰ぎ、がたがたと痙攣している祐樹君。

その両手の指先は人差し指と中指のみが突き立ち、ぱかぱかと開閉していたという。

「言われてみればあれって、まるでザリガニのハサミですよね?」

がたがたと震えあがる母親と兄の様子に動揺し、祐樹君も再び大声で泣き始めた。


翌日の夕方、望さんから電話が入った。

放課後に祐樹君を引き連れ、件のザリガニ神社へお詫びに行ったという報告だった。

息子が殺したザリガニの死骸も綺麗に片づけ、埋めてやろうと考えていたのだそうだが、不思議なことに池のほとりにザリガニの死骸など、痕跡すらも見当たらなかったという。

その後、望さんはまったくの別件で、不定期に私の仕事場を訪れる。

幸いにもこの一件以来、祐樹君の容態に異変が生じることは一切ないそうである。

# 暗い穴

「たとえば女の子にとってファーストキスって、すごく大事なものだと思うんですけど、ファースト金縛りっていうのも、わたしはすごく大事なものだと思ったんです」

私の仕事場を訪れた雅恵《まさえ》さんが、口を尖らせながらそう言った。

三日前の深夜だという。雅恵さんは三十代を目前にして、人生初の金縛りに遭った。

真夜中、出張先のホテルのベッドで眠っていると、ふいに違和感を覚えて目が覚めた。

続いて違和感の原因が、身体がまったく動かないことだということに気づく。

ああ、これがよく聞く金縛りってやつね……。

戸惑いながらも目だけは動くので、薄暗い部屋の中にきょろきょろ視線を泳がせる。

と、その時だった。

顔の上に何かがさっと降りてきて、視界が黒く遮《さえぎ》られた。

うわっ……これってもしかして霊？

さすがに怖くなってきたのだが、このまま目を閉じてしまうのはもっと怖いと思った。

相手の正体を見極めようと、必死になって目を瞠《みは》る。

するとしだいに焦点が定まり、顔の上に浮いているものがなんなのか分かった。

尻だった。

月面のクレーターよろしく、ぶつぶつした穴ぼこと汚らしい吹き出物が全体に浮いた、おそらくは男のものと思われる尻が、雅恵さんのすぐ目の前にでんとなって構えていた。

嘘！　と思った瞬間、尻が顔へと向かってさらにぐんぐん迫ってくる。

必死になって金縛りを振りほどこうとするが、身体は目以外、ぴくりとも動かない。

そうこうするうち、視界のまんなかに皺だらけの肛門が迫ってきた。

心の中で声にならない悲鳴をあげ続けるなか、ため息をつくような感じでぱっかりと肛門が開き、真っ黒い穴が視界一杯に広がる。

顔面に生温かい感触がべったりと貼りついたのを感じた直後、雅恵さんは意識を失った。

「本当に腹が立ってしょうがなくて！」

雅恵さんは声を荒げて私に訴えた。

# 未遂

前話の金縛り体験は確かに気の毒な話だが、では同じ金縛りでも、こんな体験ならばよいのだろうか。以下に三話、金縛りにまつわる話を紹介していく。

専門学生の文樹《ふみき》さんが、両脚の骨折で市内の総合病院に入院した時のこと。
深夜、痛みにうなされ目を覚ますと、身体が石のように固まり、ぴくりとも動かない。
それは文樹さんにとって、生まれて始めて体験する金縛りだった。
全身汗だくになりながらも、懸命に身体を動かそうとがんばっていると、ぽす。
ベッドの足元に何かが載るのが、視界の端にちらりと見えた。
どうにか眼球だけをぎゅっと動かし、足元を凝視する。

ぼす。

もうひとつ、載った。

人間の手だった。

生白い手がふたつ、ベッドの足元に猫のように指を丸めて載っている。

叫ぼうと思ったが、喉も痺れたように固まり声をだすことができない。

鼻息を荒げながら手を見続けていると、やがてふたつの手の間から髪の長い女の顔が、ゆっくりと突きだしてきた。

顔全体が蝋燭《ろうそく》のように生白く、がりがりと頬のこけ落ちた、血色の悪い女だった。

女は焦点の合わない両のまなこをぎょろぎょろと気忙《きぜわ》しく、四方八方へと転がした。

まるでカプセルの中を転がる、碁石のような動きだった。

見たくなどないのに、文樹さんの目もついついそれを追ってしまう。

結果、ふたりの視線がまっすぐ重なり合ってしまう。

ぎょろぎょろしていた女の目玉の動きが、ついと止まる。

続いて女は目元と口元を半月状にほころばせ、文樹さんに向かってにやあっと笑った。

そして女は、こう言った。

死んでも大丈夫?

生命の危機をありありと感じた。

ああ……連れていかれると直感した。

ありったけの力を全身にこめ、腹の底から「嫌ですッ!」と声を振り絞る。

とたんに身体が、嘘のように軽くなった。

がばりと起きあがってみると、女の姿はどこにもなかったそうである。

# 勇者の敗北

かつてスポーツインストラクターをしていた、三沢《みさわ》さんという男性の話である。

数年前の深夜、自宅マンションの寝室で三沢さんが昏々《こんこん》と寝入っているところへ突然、腹の上に「ぼすっ!」と重い衝撃が走った。

驚いて目を開けると、腹の上に背広姿の中年男が、あぐらを掻いて座っていた。

男の顔に見覚えなどなかったし、そもそもこんな夜中に見知らぬ男が自分の腹の上に乗っかる道理など、あるはずもない。

加えて男の顔を見た瞬間、身体が凍りついたように固まり、動かなくもなっていた。

直感的に「ああ、これが幽霊というやつか、金縛りというやつか」と思った。

男は三沢さんの顔をまっすぐ見おろし、脂《あぶら》ぎった満面にまるで勝ち誇ったかのような、あるいは三沢さんを見下すような、厭らしい笑みを浮かべている。

その笑みの意図を汲み取るなり、恐怖や焦りよりも増して、激しい怒りが湧いてきた。学生時代は柔道部とラグビー部に所属し、肝っ玉と腕っぷしに強い自信があったことも、三沢さんを奮い立たせた。

こんなふざけた野郎に負けはしない。俺がこの手でぶちのめしてやる——。

意を決するなり全身にぐっと力をこめ、男を睨《にら》み据えながら金縛りをほどきにかかる。鋼鉄のように固くなっていた身体は、わずか数秒足らずで四肢の先から痺れが消え始め、さらに力をこめると全身の自由が完全に戻った。

「喰らえ、コラ！」

すかさずがばりと上体を起こし、男の鼻面めがけて渾身の右ストレートを叩きこむ。相手が相手なだけに、もしかしたら拳《こぶし》は男の顔を突き抜けて空を切るのではないかと思っていたが、そんなことはなかった。

拳にぐしゃりとした手応えを感じ、男の身体が宙に吹っ飛んだ。

布団から飛び起きて落下した地点を見てみると、男は跡形もなく姿を消していた。

勝利を確信した三沢さんは、その場で雄叫びをあげつつガッツポーズを決めた。

それから三ヶ月後のことである。

三沢さんは、スポーツインストラクターの職を辞すことになった。

男を殴り飛ばした数日後から、右の拳に強い痺れを感じるようになったのだという。

医者に診せても原因は何も分からず、痺れを来たした半月後には右手ばかりではなく、

肩から指先までの右腕全体が完全に麻痺して動かなくなった。

とても仕事を続けられる状態ではなく、泣く泣く職場に退職届をだしたのだという。

# たったの一回

会社員の奈央《なお》さんが、週末の休みを利用して地方の山間部へ傷心旅行に出かけた。

五年近く交際していた彼氏の浮気が発覚し、泣く泣く縁を断ち切ったのだという。

旅の初日、宿泊先のホテルへチェックインを済ませ、徒歩で付近の散策をしていると、山へと続く小道の端に、古びた小さなお堂があるのが目に入った。

お堂は苔生《こけむ》した石の土台の上に、木造のお宮が載っただけの簡素な造りのものである。

どんな縁起があるのか分からなかったが、せっかくだからお願いしていこうと思い立つ。

今度はまともな人と縁が結ばれますように——。

ついでにあの男には罰が当たりますように——。

お堂の前で瞑目し、奈央さんは懇々《こんこん》と手を合わせた。

その日の夜。

ホテルのベッドで眠っていると、部屋のどこからか、幽《かす》かに声が聞こえてくる。

半ば夢うつつだったため、初めのうちはわけも分からず漫然と声を聞いていたのだが、徐々に頭が冴えてくると、とたんに心臓が早鐘を打ち始めた。

……ったの……い……だ……たっ……のい…………ったの…………だ……たの……い

……たの……んだ……たっ……の……たっ……い……なんだよ……たの……かい

掠《かす》れたような小声でぼそぼそと何かを囁く声が、確かにどこからか聞こえてくる。

何かいる――。

不穏な気配に身を強張《こわば》らせながら、布団に入ったまま部屋中に視線を巡らせる。

いた――。

部屋の隅の天井に青白い男の顔がぼおっと浮かんで、奈央さんの顔を見おろしていた。

男には首から下はおろか、耳や髪の毛すらもない。ただ青白い顔ばかりがふらふらと、まるで人の皮で作ったお面のように、暗闇の中に浮かびあがっていた。

その薄気味の悪い顔が先刻からずっと、乾いた声でぼそぼそと、奈央さんに向かって何事かを囁《ささ》いているのだった。

顔の存在に気づくなり、奈央さんはぎくりとなって身を竦《すく》めた。

とたんに頭のてっぺんからつま先まで、落雷のような衝撃がずどんと一気に駆け抜け、身体が動かなくなってしまう。

あ、これまずい……。

首筋から背中にかけて、冷たい汗がじんわりと滲《にじ》むのが分かった。

焦りながら全身に力をこめるも、身体は指先ひとつ、どこもまともに動かない。

パニックに陥り、大声をあげようと喉《のど》を振り絞ったが、叫びは無音の吐息に変わり、声すらだせなくなっていることに気がついた。

みるみる顔色が蒼ざめる。

……たの…回…んだ…たっ…の…回……ったの……なんだよ……たの…回……ったの
一回なんだよ……たの一回……たったの一回なんだよたったの一回……

よくよく聞いてみると、男は抑揚のないのっぺりとした声で囁くように絶え間なく、同じ言葉を何度も繰り返していることに気がついた。

たったの一回なんだよ、たったの一回……たったの一回なんだよ、たったの一回……
たったの一回なんだよ、たったの一回……たったの一回なんだよ、たったの一回……

微動だにせず、顔は奈央さんのほうをまっすぐに見おろし、延々と囁き続ける。
理解の許容を超えた状況に、奈央さんの目から大粒の涙がぼろぼろとこぼれ始める。
だが、それでも顔は黙ることなく、ひたすら平坦な調子で同じ言葉を囁き続けた。

たったの一回なんだよ、たったの一回……たったの一回なんだよ、たったの一回……
たったの一回なんだよ、たったの一回……たったの一回なんだよ、たったの一回……

ぴくりとも身体が動かず、しばらく声に怯え続けていたが、やがて恐怖が感極まって怒りに変わり、とうとう堪忍袋の緒が切れた。

一回って何がよッ！

両目にかっと力をこめ、心の中で怒りの叫びをあげる。

すると、顔が天井からふらふらとおりてきて、奈央さんの眼前へと迫ってきた。

「あじみ」

奈央さんの鼻先まで接近した顔が、ぼそりとひと言、つぶやいた。

そこで奈央さんの意識はぷつりと途切れてしまった。


翌朝、激痛で目覚めると、首筋に青黒い痣《あざ》が浮いていた。

等間隔でぷつぷつと途切れながら楕円状に浮かびあがったその痣は、大きさも形状も、どう見ても人間の歯型だった。

一体、何を拝んでしまったのだろうと不安を感じ、昨日のお堂へ恐る恐る行ってみる。

お堂の横手に立つ木製の看板には、ほとんど掠《かす》れた文字で「首塚」と筆書きされていた。

「首塚」よりも、さらに判読しづらいお堂の由来をはらはらしながら読み進めていくと、お堂はどうやら昔、死刑に処された罪人たちの首を祀ったものであるらしい。

お堂に向かって何度も謝罪の言葉を繰り返すと、奈央さんは一目散にその場を去った。

その後、傷心旅行から帰ってまもなく、奈央さんの元彼氏が首を括《くく》って自殺した。

遺書は見つからず、周囲の関係者は自殺の動機すら分からなかった。

一方、首塚の一件から数年経った今でも、奈央さんの首筋には未だに痣が残っている。

それも青黒い色をしたまま、くっきりとした形で。

再びあの首塚へ謝罪しに行くのも恐ろしく感じられ、奈央さんはファンデーションやスカーフなどで毎日痣を隠しながら暮らしている。

# エケコ人形

これも私自身の話である。

二〇一二年の夏頃だったと思う。

ある日の夕方、私が拝み屋を営む自宅兼仕事場に、ひとりの相談客が訪れた。

杉原《すぎはら》弥生《やよい》という三十代半ばの女性で、輸入雑貨を扱う会社を経営しているのだという。

「あのう、魔除けの御札って、いただけないですか？」

互いに挨拶を済ませ、なんの相談なのかと待っていたところへ、弥生が唐突に言った。

魔除けの札は作れるし、頼まれれば進呈もしているが、どうして魔除けが必要なのか事情を知らないことには釈然としない。どうしてなのかと尋ね返す。

「部屋が気持ち悪いんですよ。というより、なんだか怖いんです」

眉《まゆ》をひそめながら弥生が答え、それから事情を語り始めた。

弥生が暮らしているのは、市街の郊外に建つマンションである。

住み始めて、四年ほど経つという。

以前は何も変わったことなどなく、平穏無事に暮らしていたのだが、三月《みつき》ほど前から急に部屋の様子がおかしくなった。

具体的に何かが起こるわけではない。ただ、部屋の空気が妙に重苦しく感じられたり、寒くもないのに勝手に鳥肌が立って止まらなくなったりする。

初めのうちこそ気のせいだろうと思っていたのだが、空気の重さと鳥肌が立つ頻度は日に日に増していくようになり、とても気のせいなどでは割り切れなくなった。

異常な空気は不思議と朝や昼はあまり感じられず、夕方から深夜にかけてが多かった。

一時期は、もしかしたら以前に人死にがあった部屋なのではないかと考えたこともある。

ただ、仮にそうだとすると、入居してからこの四年間、何も異変が起こらなかったのはどうしてだろうということになる。

それとなくマンションの住人たちに尋ねてみたこともあったが、そんな過去はないと言われておしまいだった。

ならば一体、この部屋の異様な感じはなんだろうということになる。

「それでとりあえず、魔除けの御札を貼ってみたらどうかと思いまして」

素人考えですけど、と弥生は付け加えたが、私もそのとおりだと思った。

「原因が分からないことには、仮に貼っても空振りになるかもしれませんよ」

あるいは効くかどうかも分からない魔除け札を渡すだけで、謝礼をもらうのもどうかと思った。仕方なく、よければ部屋を見ましょうかと提案すると、弥生は一も二もなくうなずいた。急いで支度を整える。

夕方遅く、弥生の部屋に入れてもらうと、確かに部屋の空気が重かった。

先刻、弥生の話を聞いたから、自分もなんとなくそんな気になるのだろう。

こうした理屈が頭の中から即座にうっちゃられるほど、部屋の空気はひどく重苦しい。まるで暗闇の中でぎゅうぎゅう詰めにされているかのような圧迫感をひしひしと覚える。

間違いなく、この部屋には何かがあるのだと察した。

では一体、何が原因になっているのだろう。

身構えながら玄関口で靴を脱ぎ、居間へ通された直後だった。

すぐに原因が分かってしまい、思わずその場でぎょっとなる。

居間の片隅に設えられたサイドボード。その周辺の空気が陽炎《かげろう》のようにもやっていた。光の加減や錯覚などではない。首を傾げたりして角度を変えても、空気はうねうねと波形を描いて動き続けている。

空気のうねり具合を調べながら発生源を探っていくと、サイドボードの隅に置かれたエケコ人形に目が止まった。だいぶ前にちょっとしたブームになった、ボリビア原産の願い事が叶うという人形である。

毛糸の帽子を被った小太りの中年男性を模したブサイクな人形で、札束や家、車など、自分が手に入れたい物のミニチュアを、身体に紐で括りつけたりするなどして持たせる。人形の口は開いており、ここへ定期的に煙草を咥《くわ》えさせると願いが叶うのだという。

サイドボードに飾られているエケコは、全長二十センチほどの標準的なサイズだった。身体には洗剤や菓子の箱を模したミニチュアが紐でかけられ、背中にはサンタのような袋を背負っているが、これは店売りされている時に初めからついているものである。

弥生に触ってもいいか確認し、サイドボードから人形を持ちあげる。

背負っている袋を開けてみると、中には幾重にも折られた小さな紙きれが入っていた。何気なく折り目を開いたとたん、肌身がぞっと凍りつく。

悪霊 悪霊 悪霊 悪霊 悪霊 悪霊 悪霊 悪霊 悪霊 悪霊
悪霊 悪霊 悪霊 悪霊 悪霊 悪霊 悪霊 悪霊 悪霊 悪霊
悪霊 悪霊 悪霊 悪霊 悪霊 悪霊 悪霊 悪霊 悪霊 悪霊
悪霊 悪霊 悪霊 悪霊 悪霊 悪霊 悪霊 悪霊 悪霊 悪霊
悪霊 悪霊 悪霊 悪霊 悪霊 悪霊 悪霊 悪霊 悪霊 悪霊
悪霊 悪霊 悪霊 悪霊 悪霊 悪霊 悪霊 悪霊 悪霊 悪霊
悪霊 悪霊 悪霊 悪霊 悪霊 悪霊 悪霊 悪霊 悪霊 悪霊
悪霊 悪霊 悪霊 悪霊 悪霊 悪霊 悪霊 悪霊 悪霊 悪霊
悪霊 悪霊 悪霊 悪霊 悪霊 悪霊 悪霊 悪霊 悪霊 悪霊
悪霊 悪霊 悪霊 悪霊 悪霊 悪霊 悪霊 悪霊 悪霊 悪霊
悪霊 悪霊 悪霊 悪霊 悪霊 悪霊 悪霊 悪霊 悪霊 悪霊
悪霊 悪霊 悪霊 悪霊 悪霊 悪霊 悪霊 悪霊 悪霊 悪霊
悪霊 悪霊 悪霊 悪霊 悪霊 悪霊 悪霊 悪霊 悪霊
悪霊 悪霊 悪霊 悪霊 悪霊 悪霊 悪霊

悪霊 悪霊 悪霊 悪霊 悪霊 悪霊 悪霊 悪霊 悪霊 悪霊 悪霊 悪霊
悪霊 悪霊 悪霊 悪霊 悪霊 悪霊 悪霊 悪霊 悪霊 悪霊 悪霊
悪霊 悪霊 悪霊 悪霊 悪霊 悪霊 悪霊 悪霊 悪霊 悪霊 悪霊 悪霊
悪霊 悪霊 悪霊 悪霊 悪霊 悪霊 悪霊 悪霊 悪霊 悪霊 悪霊
悪霊 悪霊 悪霊 悪霊 悪霊 悪霊 悪霊 悪霊 悪霊 悪霊 悪霊 悪霊
悪霊 悪霊 悪霊 悪霊 悪霊 悪霊 悪霊 悪霊 悪霊 悪霊 悪霊
悪霊 悪霊 悪霊 悪霊 悪霊 悪霊 悪霊 悪霊 悪霊 悪霊 悪霊 悪霊
悪霊 悪霊 悪霊 悪霊 悪霊 悪霊 悪霊 悪霊 悪霊 悪霊 悪霊
悪霊 悪霊 悪霊 悪霊 悪霊 悪霊 悪霊 悪霊 悪霊 悪霊 悪霊 悪霊
悪霊 悪霊 悪霊 悪霊 悪霊 悪霊 悪霊 悪霊 悪霊 悪霊 悪霊
悪霊 悪霊 悪霊 悪霊 悪霊 悪霊 悪霊 悪霊 悪霊 悪霊 悪霊 悪霊
悪霊 悪霊 悪霊 悪霊 悪霊 悪霊 悪霊 悪霊 悪霊 悪霊 悪霊
悪霊 悪霊 悪霊 悪霊 悪霊 悪霊 悪霊 悪霊 悪霊 悪霊 悪霊 悪霊
悪霊 悪霊 悪霊 悪霊 悪霊 悪霊 悪霊 悪霊 悪霊 悪霊 悪霊
悪霊 悪霊 悪霊 悪霊 悪霊 悪霊 悪霊 悪霊 悪霊 悪霊 悪霊 悪霊

Ｂ５版の白紙に小さな黒い字で、〝悪霊〟という漢字がびっしりと書き綴られていた。

傍らで悲鳴をあげる弥生に事情を尋ねてみると、人形は私的に買い求めた物ではなく、元は彼女が経営している店の商品だったのだという。

「確か半年ぐらい前だと思うんですけど、お客さんからクレームがあったんですよ」

蒼ざめながらも語った弥生の話は、こうである。

半年ほど前のある日、店に五十絡みの異様な風貌をした女が物凄い剣幕でやってきた。

痩せぎすで頬骨の出っ張った顔には化粧っ気がまったくなく、肌は黒ずんでがさがさ。長く伸ばした髪には、乾いた白髪が大量に混じっている。

服装はまるで寝起き姿のような、上下紫色の薄汚れてくたびれたスウェット。

身なりからして、すでに〝普通〟の客でないことは明らかだったが、女の語り始めたクレームの内容は、それ以上に尋常ではなかった。

「この人形、返す！　全然効かない！　不良品！　お金返してッ！」

女が怒鳴《どな》りながら小脇に抱えていた紙袋から突きだした物を見て、弥生はのけぞった。

それは、全身に得体の知れない呪文のような文字の書かれた紙切れや五寸釘、菊の花、着せ替え人形の生首などがぶらさげられた、恐ろしく不気味なエケコ人形だった。

「効果のほどは保証いたしかねておりますので……」

なるべく平静を取り繕《つくろ》い、穏便な答えを返してみるも、まったく通用しなかった。

「そんなインチキなもん売りつけないで！　こっちは遊びでやってるんじゃないんだ！いいからさっさとお金を返しなさいよッ！」

カウンターの上に人形を叩き置き、女が身を乗りだしてきたので、従うことにした。お金を返すと、女は「もうこんな店、二度と来ないから！」などと怒鳴り散らしながら帰っていったが、それは弥生のほうも願わずにはいられないことだった。

女は購入時のレシートを持参してこなかったが、店のスタッフらに事情を確認すると、何週間か前に女の風貌と一致する客にエケコ人形を売ったというスタッフがいた。

女のクレームが虚偽のものではないと判明したため、一応は店の売り上げを客に返し、商品は店に戻ってきたということになるのだが、どうにも釈然とはしなかった。

商品が戻ったといっても、すでに中古状態だし、それも極めておぞましい状態にある中古品である。とても店の陳列棚に戻すことはできない。

熟考した末、弥生は薄気味の悪い装飾品を全て取り除き、自宅に引き取ることにした。

それが、今からおよそ半年前の出来事だという。

「……なんだってまた、そんなものを引き取ることにしたんです？」

あらかた真剣に話を聞いていたが、オチまで聞いて一気に冷めた。

「……いや、あの、一種の職業病なんですよね。なんでも損得勘定で考えちゃいまして。せっかく仕入れた商品を捨てるんなら、自分で飾ったほうがいいかなあと思いまして」

あ、でもこんなことになるって分かっていたら、さすがに処分してましたよ……。

いかにもバツが悪そうに弥生が答えるが、こちらの気分は下降し続けるばかりである。

「それはそうですよね……」

「まあそうです。もちろんそうですよ。ははは……」

私の胸中を察したのか、弥生が小首を傾げながら、渇いた笑みを浮かべてみせる。

他方、人形を見やれば、相変わらずうねうねと、よからぬ何かを発し続けている。

人形から放たれる部屋の空気の重苦しさと、弥生から放たれるそこはかとない脱力感。

ふたつの〝場違い〟が微妙な具合に混じり合い、なんとも言えない心地に陥った。

とはいえ、人形に問題があることは紛れもない事実である。

結局、人形は私が引き取るということで弥生と話がついた。

帰宅後、人形のお祓いをしながら、ふと妙な考えが脳裏をよぎった。

弥生が自宅に人形を引き取ったのは、今から半年ほど前。

だが弥生が自宅で異変を感じ始めたのは、三ヶ月ほど前からである。

原因が人形にあることに間違いはなかったが、どうして異変が起きるまで数ヶ月ものブランクがあったのだろう。

単に弥生が鈍感で、初めは異変に気づかなかったという可能性も考えられなくはない。しかし、どうにも納得できないものがあった。

そこではたりと、こんな憶測が思い浮かぶ。

「もしかして時限式だったんじゃないのか、これ？」

弥生の店に人形を突き返してきた例の女が、何を誰に願ったのか、それは分からない。けれども女の意図せぬところで一定の効果は現れている。だからあるいは——。

「辛抱強く待ってりゃ、憎ったらしい誰かに思いっきり嫌がらせ、できたかもな」

言葉にするなり憶測はほとんど確信へと切り替わり、私は祭壇の前で肩を竦めた。

その後、哀れなエケコ人形はゴミの日にだされ、弥生の自宅でも異変は一切収まった。

女が再び店を訪れることもないという。

# 左前

斎《さい》さんのお父さんが亡くなり、しめやかに葬儀が執り行われた。

九十二歳の高齢だったが、最期は苦しむこともなく、大往生だったと斎さんは語る。

葬儀が終わり、初七日法要が終わったのち、斎さんのお母さんが祭壇前に親戚一同を集めて記念撮影をしようと提案した。

今回は遠方から参列した兄弟や親類たちも多いし、この機を逃すと親戚一同が揃って写真を撮るなど、そうそうできないだろうから。という理由からだった。

お母さんにそう言われ、斎さんはさっそく親戚一同に声をかけ、祭壇前に集合させる。

「はい、じゃあ撮りますよー!」

手伝いに来てくれた近所のおばさんにシャッターを切ってもらい、祭壇前にずらりと並んだ斎さん一族を撮影した。

それから数日後。

現像された写真を眺めていると、斎さんの奥さんが「あれっ?」と怪訝《けげん》な声をだした。

「どうした?」と尋ねると、奥さんが「うーん」と首を捻りながら答える。

「これ、着物が全部左前になってる」

奥さんに指摘されて写真をよくよく見てみると、祭壇前に並んだ斎さんのお母さんや奥さんを始め、当日、着物姿で並んだ親戚の胸元が確かに全部左前になっていた。

左右が反転されて現像されたかな? 縁起でもない。

思いながら顔をしかめたが、さらにまじまじ写真を見てみると、そうではなかった。

祭壇前に並んだ女性陣の着物は、確かに全部左前である。

だが、祭壇に祀られたお父さんの白木の位牌は、戒名の文字がそのままに写っていた。

左右反転ならば、戒名の文字も反転していなければならない。

しかも祭壇前の集合写真は全部で三枚撮影したのだが、着物が左前になっていたのはそのうちの一枚だけだったという。

# スキップ

ぽかぽか陽気の心地よい、日曜日の昼下がり。

会社員の安藤《あんどう》さんは、五歳になる息子を連れて、近所の河川敷へ出かけた。

市街地のまんなかを縦断するこの河川敷には、豊富な遊具を揃えた児童公園があった。

公園に到着するなり息子は黄色い声をあげ、大好きな滑り台へ向かって駆けだしていく。

その様子を眺めながら、安藤さんは近くのベンチにゆったりと腰をおろした。

園内には安藤さんと同じく、幼子を連れた若い親たちがのどかな休日を愉しんでいた。

ぷかぷかと煙草を吹かしながら周囲の景色を、見るともなしにぼんやりと見回す。

公園沿いの堤防に視線を向けると、小さな女の子の姿が見えた。

年頃は小学校二年生くらい。女の子は屈託のない笑みを浮かべ、スキップをしながら堤防からこちらへ向かっておりて来る。

　ツインテールに結わえた長い黒髪に、白いブラウス。真っ赤なジャンパースカート姿。なんだか昔のテレビに出てくる子役のような、懐かしい感じのする女の子だった。

　両腕を左右にしゃんしゃんと元気に振りながら、軽やかなスキップで堤防を下りきる。続いて公園内で遊ぶ子供たちの間をすり抜け、笑顔で安藤さんの目の前を横切っていく。

　どこの子だろう。ひとりで遊びに来たのかな。

　することもないので、なんとはなしに女の子のうしろ姿を目で追いかける。

　すると、女の子は河川敷を突っ切って、そのままますとんと川へ落っこちた。

　思わず「あっ!」と叫び、ベンチから立ちあがる。

　だが、眼前に広がる光景を目にしたとたん、安藤さんの足が止まった。

　女の子は川面に浮かんで立ったまま、なおもスキップを続けていた。

　つま先がテンポよく水につくたび、水面に小さな波紋がしずしずと円を描いて広がる。

　まるで石投げ遊びのような動きだった。

　女の子はポン、ポン、ポン、ポンと川面を難なく渡りきると、唖然として立ち尽くす安藤さんを尻目に、そのまま向こう岸の街の中へと消えていった。

# 裸眼

都内で会社員をしている須賀《すが》さんの話である。

ある日の仕事帰り、須賀さんはふとした拍子に転んでしまい、眼鏡を壊してしまった。

さっそく眼鏡屋で新しい眼鏡を注文したが、できあがるまで数日かかるという。

学生時代から極度の近眼だったため、おのずと暮らしに支障が生じた。

買い物に出かけても店内の風景が指で擦りつけたようにぼやけ、商品の詳細はおろか、案内表示すらまともに見ることができない。駅でも電光掲示板に表示される発車時刻がほとんど見えず、毎回必死に目を凝らして確認しなければならなかった。

店や駅に限らず、遠くのものはぼやけて見えづらいため、瞳に力がこもりがちになる。

そんな不便が始まり、まもなくのことだった。

須賀さんは自分の視界に、妙な異変を感じ始めた。

たとえば街中の雑踏を歩いている時、ぼんやりと濁った視界の中にたったひとりだけ、くっきりと鮮やかな像を結んで歩いている人が見える。買い物をしている時、売り場の片隅にぽつんと佇《たたず》む人がいて、やはりその人だけが微細な像を結んではっきりと見える。不明瞭な視界の中、一部の人物だけがまるで、ハイビジョンのごとく細やかに見える。こんなことがしばしば起きた。初めのうちは乱視が原因なのではないかと疑ったのだが、それなら人物以外にも、はっきり見えるものがなければならない。だがはっきりと見えるのは、あくまで一部の人物だけだった。他は全部ぼやけている。どう考えてもおかしなことだった。

裸眼で過ごし始めて、三日目のこと。

通勤途中の駅前で、ぼやけた人ごみの中にはっきり見える人物をまた見つけた。白いスーツを着た、髪の長い若い女性である。女性はこちらに背を向け、歩いていた。一体なんなんだろうと思い、女性に向かってぐんぐん近づいていく。そばまでたどり着くと、女性はくるりとこちらを振り向き、目を細めてにっと笑った。そしてそのまま掻き消すように、須賀さんの目の前でぶわりと姿を消してしまった。以来、眼鏡ができあがるまで、ハイビジョンの人を見かけても無視するようになった。

# 不意打ち

私自身の身に起きた話である。

二〇一三年の十二月半ば頃、テレビ番組の収録に招かれ、地元のテレビ局へと赴いた。数年前から同じ局のバラエティ番組に〝いじりやすい拝み屋〟というキャラクターで何度か出演しており、今回もそうした趣旨での出演だった。

局に到着すると、バラエティ番組で世話になっているディレクターが出迎えてくれた。収録までまだ時間があるので、しばらく会議室のほうで待機していてほしいという。

ディレクターに案内され、エレベーターで上の階へとあがる。スタジオがある一階は、廊下を行き交う局の関係者たちで賑わっていたが、会議室があるフロアは一階の喧騒と打って変わって、人っこひとり見当たらない。廊下も必要最低限の明かりのみが灯され、気味が悪くなるほど薄暗かった。

会議室に通され、ディレクターと談笑していると、そのうち顔馴染みのスタッフらも何人かやってきて、あれやこれやと話に花が咲いた。

このまま収録開始まで時間が潰れればいいなと思っていたのだが、三十分ほどすると彼らは他の収録があるとのことで、会議室を去っていった。私が出演する番組は撮影が押しているらしく、出番までもう少し時間がかかるとのことだった
仕方なく、静まり返った会議室で着物に着替え、本を読んだりしながら時間を潰す。

当初の撮影開始時間は午後六時からだったが、時計はすでに六時を大きく回っている。六時三十分を過ぎても誰も迎えにはこなかった。

区切りのいいところで七時ぐらいになれば、さすがに誰か迎えにくるだろう。

漠然と思いもしたが、なんの確証もない。

むしろ正確には、いつ撮影開始のお呼びがかかってもおかしくない状況だと思い直す。ならば先にトイレを済ませておこうと思い、席を立つことにした。

会議室から廊下へ出ると、ドアのすぐ脇にオーバーオール姿の若い女性が立っていた。黒髪のショートヘアをした、小柄な体躯の女性である。首から社員証をさげているので、番組関係者だと察する。

廊下は相変わらず薄暗く、おまけにひどく肌寒い。もしかして私が会議室にいる間中、ずっとこんなところに立ち続けていたのだろうか。だとしたら、大層気の毒な話である。

「おつかれさまです。よかったら、中で待っていてもいいんじゃないですか？」

会釈をしながら声をかける。

ところが彼女のほうは、無言でこちらに視線を向けただけだった。

不愛想な反応に少々面食らいながらも、そのまま廊下を歩きだす。

まっすぐ歩いていくと、トイレはすぐに見つかった。

ほっとしながら扉を開けると、目の前に先ほどの女が笑みを浮かべて立っていた。

ぎょっとなって後じさり、何が起きているのか、頭の中で整理する。

女がこの世の者ではないと悟った瞬間、女もそれを察したのか、両目をかっと見開き、ぱっくり口を広げてさらに大きく笑ってみせた。まるで蛙のような形相だった。

続いて女はくるりと踵を返し、トイレの奥へと面《おもて》を向けた。

両腕をちぎれんばかりに振り乱しながら、ぽん、ぽん、ぽん、とスキップするような恰好でトイレの中を跳躍する。一歩一歩の跳ね方が異様に高く、たったの数歩足らずで女の身体はトイレの奥まで達した。

それから女は左へ九十度、駒のようにくるりと向きを変えると、いちばん奥の個室へ飛びこむように入っていた。女が個室の中へと消えるなり、個室のドアが「ばん！」と凄まじい音を響かせて閉じられる。

音に驚き、ようやく私ははっとなって我に返った。

両の膝頭がガクガクと震えている。背筋に厭な汗が噴き始めているのも分かった。

平素、拝み屋として誰かの依頼を手掛ける際は、何が起きても即座に対応できるよう、常に全神経を張り巡らせている。だから大概のことには動じないで済む。

けれども一旦仕事を離れれば、私もただの人である。あらゆる事態に万能ではない。

突発的にこうした事態に見舞われてしまうと、もはや尋常ではいられなくなってしまう。

女が飛びこんでいった個室に視線を投じ、息を殺して様子を窺《うかが》う。

扉は固く閉じられたまま、物音ひとつ聞こえてこない。

どうしたものかと、身震いしながらためらう。

このまま会議室に引き返して、撮影開始の迎えが来るのを待つべきか。

けれども会議室の前にまた、あの女が立っていたらどうしよう。そんなことを考える。

気持ちを切り替え、臨戦態勢に入ろうとしても、ショックが強くてままならない。

行くも地獄、戻るも地獄とは、まさにこのことである。

さらには余計な負荷が加わったことで、尿意も強くなり始めていた。

状況を鑑《かんが》みればこちらだろうと意を決し、トイレの中へ踏みこみ、小便器の前に立つ。

けれども首は前ではなく、背後の個室のほうへまっすぐ向けた。

いつ何が起きてもすかさず対応できるよう、個室を睨み据えながらすばやく用を足す。

固唾を呑みつつ用を足し終えたが、個室のほうはなんの動きもなかった。

ほっとすると同時に気息も徐々に落ち着き始め、気持ちに余裕も戻り始める。

このまま引き返してもよかったのだが、脅かされっぱなしで引きさがるのも癪《しゃく》だった。

個室の前にずかずかと詰め寄り、ドアの取っ手を力任せに引く。

ドアはなんの抵抗もなく開き、中には誰もいなかった。

念のために天井や便器の裏も覗いてみたが、やはり女の姿はどこにもない。

今度は安堵するより、無性に腹が立ってきた。

まるで向こうに勝ち逃げされたようで、恐怖の代わりに苛立ちが募り始める。

不完全燃焼のもやもやした気持ちを抱えながらトイレを出ると、廊下の向こう側から番組スタッフがやってきて、そろそろ収録が始まると知らされた。

その後、一時間ほどで収録は無事終わり、数人のスタッフらと一緒にスタジオを出た。

「そういえば郷内さん、ここって何か感じません？　何か見たりしませんでした？」

スタッフのひとりが突然、妙なことを訊いてきた。

先ほどの件が頭に思い浮かんだが、とりあえず話を伏せて「どうして？」と訊き返す。

「ここね。昔から結構いろいろあるんですよ。実際、人が死んだこともありますし」

だいぶ昔の話になるらしいが、局を訪れた一般人が帰り際に心臓発作か何かを起こし、そのまま局の中で死んでしまったことがあると聞かされた。

また、仕事で局を訪れた某タレントが「悪いけど、ここには入れません」と言い残し、蒼ざめた顔で帰ってしまったこともあるらしい。

「そもそも、うちの局のすぐそばって自殺の名所があるじゃないですか？　もしかしてそういう影響もあるのかもしれませんけど、ちょこちょこ妙なことがあるんですよね」

確かに彼の語るとおり、局からさほど遠からぬ場所に自殺の名所がある。

公には大きく語られていないが、山中の渓谷に架かる大きな橋で、そのスジの間では心霊スポットとしても有名な橋である。

欄干《らんかん》には自殺防止のためか、背の高いフェンスが取りつけられている。
「ひょっとして、おたくのスタッフで橋から飛びおりた女がいたりしません？」
思わず喉まで出かかったが、さすがに不謹慎かと思い、言いとどまった。
適当に話をはぐらかし、スタッフたちに見送られながら局をあとにする。
結局、私の前に現れた女の正体は分からずじまいだった。
オフでもあまり気を抜き過ぎるのは考えものである。
今更ながら神経を張り巡らせ、私はぴりぴりしながら家路に就いた。

# 永久未遂

件の橋にまつわる話である。

ある深夜、会社員の土田《つちだ》さんが橋の上を通りかかると、欄干の向こうに人影が見えた。

不審な人影はどうやらフェンスをよじ上って橋の縁へと降り立ったらしい。

車を停めて駆け寄ると、フェンスの向こう側に若い女が貼りつき、こちらを見ていた。

蒼ざめながら、「早まってはいけません！」と声をかける。

すると女は、「大丈夫です。どうせ死ねないですから」と笑いながら応えた。

次の瞬間、女はフェンスを掴んでいた両手をぱっと離し、闇の中へと落ちていった。

慌てて橋の下を覗こうとした瞬間、うしろからぽんと肩を叩かれた。

「ほらね？」

振り返ると、目の前に女がいて笑っていたという。

# 四コマ写真

同じく、件の橋にまつわる話である。

専門学生時代、事務を務めている女性職員から「本当にあった話」として聞かされた。ただしこの話は昔、どこか他でも聞いたか読んだ記憶もある。私の記憶違いであればよいのだが、もしもすでに公で紹介されている話だったら、ご甘受いただきたく思う。

今から数十年も前の話。ある写真家が、この橋を撮影しようと付近の渓谷に陣取った。夢中で撮影を続けていると、橋の欄干に若い女が佇《たたず》んでいるのが、はたと目に入った。当時は欄干にフェンスは備えつけられておらず、渓谷の下から女の姿がよく見えた。

女は独り、しばらく所在なげにその場に佇んでいたが、やがて何やら逡巡するようなそぶりを見せたあと、やおら欄干の上へとよじ登った。

瞬時に自殺と察したものの、この距離ではどうすることもできない。
束の間、おろおろしていたが、やがて写真家の性か、女に向かってカメラを構えると
夢中でシャッターを切り始めた。カメラを構えるのとほぼ同時に、女は欄干から空中へ
飛び立ち、そのまま眼下に広がる奈落の底へと吸いこまれていった。
帰宅後、仕事場のラボで焼きあがった写真を見て仰天した。
とっさの判断で、しかも一瞬の出来事だったため、写真は四枚しか撮影できなかった。
だが写真を見た彼は、撮影したことを心底後悔することになった。

一枚目。橋の欄干に立ち、今まさに飛び降りようと構える女。
二枚目。欄干を蹴りあげ、空中に身を投げだす女。
三枚目。渓谷の間を、真っ逆さまに落下していく女。
四枚目。写真いっぱいのアップになって、こちらを見ながら笑みを浮かべる女の顔。

彼はその日のうちに写真を全て焚きあげたという。

# 姿見

都内の安アパートで独り暮らしをしている大学生の川田《かわだ》さんの話である。
川田さんはある夜、近所の路地のゴミ捨て場に、姿見が捨てられているのを見つけた。
全体的に少々くたびれた風情を醸しだしてはいたが、鏡面はまったくの無傷だった。
ちょうど姿見が欲しいと思っていたので、小脇に抱えてアパートへ持ち帰った。
帰宅すると部屋の隅に姿見を置き、直立した自分の姿をさっそく映してみる。
鏡の中にはこちらに背中を向けて直立する、川田さんの後ろ姿があった。
川田さんが右手をあげると、鏡の中の後ろ姿も同じく右手をあげた。
だが、鏡に映る後ろ姿は、どれだけがんばってもこちらを振り向くことはなかった。
しだいに恐ろしくなり、川田さんは元のゴミ捨て場へ姿見を戻しにいった。

# さよなら

会社員の芙美《ふみ》さんから、こんな話を聞いた。

ある日、高校三年生になる彼女の妹が、自室で試験勉強している時だった。

「ねえ」

ふいに目の前から、女の声が聞こえた。

顔をあげると、机の上に置かれた小さな鏡がある。鏡には、自分の顔が映っている。

「さよなら」

鏡の中の自分が、悲しそうな顔でぽつりとつぶやくように言った。


それから数日後の朝、妹は布団の中で眠るように亡くなっていたそうである。

# 入れ替わり

西本《にしもと》さんが付き合い始めた彼女とふたりで、市街のホテルへ泊まった夜のこと。
夜も更け、やがてふたりの気持ちも高まり始め、自然とベッドに入るムードができた。
シャワーを浴びるため、ベッドに腰かける彼女を残して、バスルームのドアを開ける。
ところがバスルームでは、裸になった彼女がシャワーを浴びている真っ最中だった。
「は？」と驚いた瞬間、ベッドのほうから「きゃあ！」と彼女の悲鳴が聞こえた。
すかさずベッドのほうへ向き直る。しかし、彼女の姿はどこにも見当たらない。
再びバスルームの中を覗くと、こちらには裸でシャワーを浴びる彼女の姿があった。
けれどもそんなはずはない。
確かに彼女はベッドの上にいたはずだし、悲鳴だって聞いている。
蒼ざめながらもシャワーを浴びる彼女に声をかけると、やはり彼女は彼女本人だった。

事情を説明してみたが、彼女のほうは「自分のほうが先にシャワーを浴びていた」と言い張るばかりで、話がまるで嚙み合わなかった。

ならば自分の勘違いなのかと思ったが、やはりどう考えても腑に落ちない。

先ほどは、バスルームでシャワーを浴びる彼女の姿を前にしながら、ベッドのほうで悲鳴をあげる彼女の声も、確かに同時に聞いているのである。

もしかしたら、彼女が偽物にすり替わってしまったのではないか。

そんな疑問が心の中に生じ始める。

怯えた西村さんは、ほどなくして彼女と別れた。

別れ話の最中、なぜか彼女は終始、にやにやと気味の悪い笑みを浮かべていたという。

# 画鋲

盛田《もりた》さんは、自室の壁際に並べたカラーボックスの上にカレンダーを貼っている。

ちょうど腰ぐらいの高さのカラーボックスが三つ。

そのまんなかのカラーボックスの真上の壁に、毎年Ａ４サイズのカレンダーを貼る。

今のアパートに引越してきてから五年あまり、変わらず同じ位置に貼り続けてきた。

月が変わってカレンダーを捲る時、たまに画鋲《がびょう》が取れてしまって、カラーボックスの裏側に落下してしまうことがある。

カラーボックスには重たい書籍がぎっしり並んでいるので、いちいち動かして画鋲を拾ったりはしない。新しい画鋲を刺してカレンダーを貼り直す。

ある日のこと、カレンダーを捲《めく》りあげた拍子にまた、画鋲がぽろりと壁から抜けた。

すぐに新しい画鋲を探したのだが、どこに置いたものやら、画鋲箱が見つからない。

面倒だとは思ったものの、仕方なくカラーボックスを動かし、画鋲を拾うことにする。右側のカラーボックスから書籍を抜いて横へと動かし、まんなかのカラーボックスの側面から裏側を覗きこむ。とたんにはっとなって目を剥いた。

カラーボックスの真裏の壁、床から二十センチほどの高さに画鋲がびっしり刺さって固まっていた。

カラーボックスと壁との隙間は、せいぜい三センチあるかないか。手のひらを差し入れる幅もないほどの狭さである。

それなのに画鋲はいずれも、壁の中に根元まで深々と刺さっている。

いずれも引越してきて以来、ずっと落とし続けてきたものに間違いなさそうだったが、自分でこんなことをした覚えなどない。そもそも手前のカラーボックスを移動させずにこんなことをするのは、物理的にどう考えても不可能だった。

自分自身が気がつく今の今まで、カラーボックスの裏側で一体何が起こっていたのか。想像すると大層薄気味悪く、この日からカレンダーを貼る位置を変えたそうである。

# 闇に湧く

数年前、友田《ともだ》さんの自宅で起きた話である。

ある時を境にして、自宅の居間が強い湿気を帯びるようになった。

たとえば、買ってきたばかりの本を居間の座卓に置いておくと、ものの数分足らずで紙全体が湿気を吸ってごわごわと波立つ。乾いたばかりの洗濯物を居間に持ちこんでも、やはり短時間で生地が湿り、じめじめとした手触りになる。

茶箪笥やポットワゴンの扉を開けてみれば、中にはおびただしい量の水滴がしたたり、びしょびしょの状態になっている。

湿気取りや除湿器を置いてみても、効果はほとんど見られなかった。ただ水ばかりが容器の中にみるみる溜まっていくばかりで、居間の湿気は一向に改善されない。

以前はこんなことなどなかったというのに、一体原因はなんだというのか。

ひと月経ってもふた月経っても、湿気はまったく収まる気配を見せなかった。

謎の湿気の発生から三ヶ月目を迎えたある日、とうとう我慢に耐え兼ねた友田さんは、湿気の発生源を探るべく、調査に乗りだすことにした。

日曜日の昼下がり、居間の家具を廊下に片づけ、畳を一枚ずつ剥がしていく。

続いて床板をバールでこじ開け、床下の様子を覗きこんで見る。

とたんに友田さんは、「はっ？」と素っ頓狂な声をあげることになった。

暗い床下には、直径二メートルほどの池が口を広げ、中では大きな錦鯉《にしきごい》が泳いでいた。

鯉の数は全部で五尾。池の周りは苔生した庭石でしっかりと固められ、まるで昔からこの床下に存在していたかのような風格を漂わせている。

湿気の原因は、間違いなくこれである。

けれどもこんな池のことなど全然知らなかったし、仮に今まで知らなかったとしても、居間に異様な湿気が発生し始めたのは、つい三月《みつき》ほど前からのことである。

ずっと前から池があったのなら、居間もずっと前から湿気ばんでいなければならない。まるで道理に合わない話だった。

それでも後日、業者を呼んで綺麗に池を撤去してもらった。鯉は薄気味悪かったので、全て近所の菩提寺に寄贈した。

そんな奇妙なことがあって友田さんの家は、現在に至る。

ところが最近、またしても居間に強い湿気が帯び始めるようになったのだという。

いずれは確認せざるを得ないが、再び床下を覗くのが怖いと友田さんは語っている。

# インフェルノ

「私の霊感を封じるというか、打ち消すみたいなことはできませんか？」

数年前、仕事場を訪れた元スピリチュアルカウンセラーから持ちこまれた依頼である。

三十代半ばの男性で、名を沖《おき》さんという。

私は率直に「大変申しわけありませんが、それはできかねます」と答えた。

その真贋《しんがん》や実証性に関する問題はまた別として、世に広く〝霊感〟と呼ばれるものは、個人が心に有する、いわば特質、あるいは才能のようなものだと私は解釈している。

個人が持ち得る才能を、他人がたやすくどうこうできるものではない。

たとえが適切かどうか悩ましいところだが、絵の上手な人間に「絵が下手になれ」と命令したところで、どうなるものでもない。絵を下手にさせるには相手の腕に一生物の傷を負わせるか、さもなくば心を壊すぐらいしかない。

霊感の抹消に関しても、同じことだと私は考えている。

それを打ち消すということは、個人の心の一部を潰すということになるのではないか。

そんな憶説が思い浮かぶと、事後の影響などを鑑み、気安く試《こころ》みることはできなかった。

だから、私にできることと言えばせいぜい、魔祓いの御守りを作って進呈することや、少しでも気持ちが楽になれるよう、あれこれ助言を差し向ける程度のことだった。

微細な力添えに過ぎないが、根本的な解決ができない以上、こうするより他はないし、口八丁手八丁でいい加減な希望を与えるよりは、はるかにマシだと私は考えていた。

「こんな感じの方法しかないのですが、それでもよろしければ」と、沖さんに尋ねると、彼は一瞬深くうつむき、それから再び面をあげて「そうですよね……」と答えた。

「いろいろなところにお願いにあがっているんですけど、真面目にお仕事をされている方々はみんな、同じことをおっしゃいました。自分にとって得になろうと損になろうと、これは生まれ持ったものですから、やっぱり無理ですよね……」

悲嘆のこもったため息を小さく漏らしながら、沖さんは言った。

「元はプロのスピリチュアルカウンセラーなんですよね？　一体何があったんですか」

私の問いに沖さんはわずかに顔色を曇らせながらも、やがて重い口を開き始めた。

ふた月ほど前、沖さんの許に初めての依頼主から出張相談の依頼が入った。

依頼主は四十代の主婦。彼女曰く、娘にタチの悪い悪霊がとり憑いているのだという。

娘は今年で十六歳になるが、中学一年生の夏場を境に、悪霊にとり憑かれてしまった。

以来、不登校のまま中学を卒業。今現在も自室に引きこもる状態が続いているという。

少女の母親にしてみれば、藁《わら》にも縋《すが》る思いで連絡をしてきたのだろうと判ぜられたが、沖さんにとってはよくある相談内容に過ぎなかった。

彼女の母親が言うとおり、本当に悪霊がとり憑いているのであれば、浄霊するだけで心の重みがとれて、これから人生を再起させるきっかけが得られるはずである。

仮に本当は悪霊などとり憑いておらず、全てが少女自身の妄想や、あるいは現実から目を背けたいがための演技であったとしても、それはそれで結構。

最大限に彼女の話に耳を傾け、否定も肯定も一切しないうえで〝これから先〟の話をじっくりさせてもらえばいい。

年間を通してよく似た相談は何件も舞いこんできていたし、それが本物である場合も、そうでない場合も、両方経験してきている。

沖さんにとってこうしたたぐいの相談は、手慣れた案件のひとつに過ぎなかった。

「どうかご安心ください」と先方に告げ、出張に赴く日時を決める。

受話器の向こうで少女の母親は、「よろしくお願いします」と涙ぐんでいたという。


約束の日。車で向かった依頼主の家は、閑静な住宅街に佇む二階建ての一軒家だった。

玄関口で母親と軽く挨拶を交わし、まずは居間へと通される。

母親の説明によると、娘はこの三年あまり外出をしたことがなく、二階の角にある自分の部屋からも、風呂とトイレ以外にはまったく出てくることがないのだという。

何度か心理カウンセラーに訪問してもらったこともあったが、娘は黙して何も語らず、この一年近くは家族の声にも応じる気配がほとんどない。

カウンセラーには心療内科の受診を強く勧められたが、娘が家から出たがらないため、現実問題としてかなり難しい。日がな鬱々《うつうつ》と思い悩んで過ごすうち、たまさか知人から沖さんの評判を聞き、一縷《いちる》の望みを託してお願いしてみたのだという。

やはりよく聞く、ありふれた話だった。

〝本物〟だろうとそうでなかろうと、普段どおり冷静に対応すれば大丈夫。

さっそく二階に案内してもらい、階段を上って娘の自室の前へと至る。

母親のノックとともにドアが開かれると、中は八畳ほどの簡素な造りの部屋だった。

壁際に設えられたベッドのほうへ視線を向けると、上下スウェット姿の小柄な少女が深々とうなだれ、ベッドの縁に座っていた。

顔は長い黒髪に隠れて、まったく見えない。

少女の前にひざまずき、挨拶しようとした瞬間だった。

「ぶぅあああぁぁあああぁぁぁぁあぁぁぁあぁぁぁぁぁぁ！」

突然目の前から、男とも女ともつかない凄まじい大絶叫が轟いた。

びくりとなって身を引こうとしたが、少女に両腕をぐっと掴まれ、離れられなくなる。

子供のものとは到底思えない、それは物凄い力だった。

「ぶぅあああああああああぁぁぁあぁぁぁぁああぁぁぁぁぁぁぁ！」

部屋中に轟《とどろ》く大絶叫に鼓膜はおろか、鼻や頬の肉にさえも、びりびりと震えが生じる。

どうすることもできず、震えながら前方に視線を向けると、簾《すだれ》のように垂れこめていた少女の長い黒髪が、左右にばっと開かれた。

少女の顔を見たとたん、沖さんの両目が飛びださんばかりに見開かれる。

彼女の顔には、大きな穴が開いていた。

目も鼻も口もなく、あるのは顔いっぱいに開かれた丸い穴がひとつだけ。

身の毛もよだつ大絶叫は、穴の奥深くから聞こえてくる。よくよく声を聞いてみると、どうやら声はひとりが発するものではなく、無数の男女があらん限りの声を絞って放つ、苦痛や苦悶の叫びのように感じられた。

底知れぬ穴の中では巨大な炎が猛り狂って、火の粉を散らしながら明々と暴れている。

これは駄目だ。視ては駄目だ。視たら駄目だ。逃げなくちゃ、逃げなくちゃ……。

歯の根をがちがちと鳴り震わせながら少女の手首を振りほどこうとしていたところへ、炎の中から黒く焼け爛《ただ》れた無数の腕が、沖さんに向かって一斉に伸びてきた。

直後、沖さんの身体が穴の中へと引きずりこまれ、炎の渦中へ真っ逆さまに落下する。

身を焦がす業火の熱さに悲鳴があがり、そのまま気を失いそうになった時だった。

ふいに静寂が戻り、気がつくと沖さんは、少女の前で崩れるようにへたりこんでいた。二の腕を掴んでいた少女の手首はすでに離れ、耳をつんざくあの大絶叫も止んでいた。傍らにいた母親に顔を向けると、彼女は心配そうな顔で「大丈夫ですか」と尋ねてきた。がくがくと震えの治まらない両膝に力をこめて、どうにか立ちあがるなり、沖さんは、脱兎のごとく少女の家を逃げだした。

「人にとり憑くのは悪霊や動物霊だけだと思っていたんですけど、本当は違うんですね。私の認識不足でした。もうあんなものは二度と視たくないので仕事を辞めたんです」

額にうっすらと冷や汗を滲ませながら、沖さんは言った。

「あなたが視たのは、一体なんだったんですか?」

尋ねると、沖さんは即座に答えた。

「地獄です。あの娘の心には、地獄がとり憑いてしまったんだと思うんです」

——今日はお世話になりました。先生もくれぐれもお気をつけて……。

深々と会釈をしたあと、沖さんは静かに仕事場を辞していった。

# 賞賛

真夏の深夜、高校生の田崎《たざき》君が友人たちに誘われ、肝試しに出かけた。

場所は地元の古びた墓地。同じ敷地内には寺も建っているのだが、隣町に住む住職が掛け持ちで管理をしているため、普段はもぬけの殻なのだという。

夜中に肝試しと洒落《しゃれ》こむには最高のロケーションということで、田崎君の仲間内から十名ほどが参加の名乗りをあげた。

肝試し当日、真夜中過ぎにバイクで墓地まで赴くと、さっそくみんなで盛りあがった。

寺の前からひとりずつ順番に墓地の中を進んでいき、墓地の奥にあらかじめ用意した証拠品を持って帰ってくる。ただこれだけのシンプルなルールだった。

初めのうちこそ、みんなで大騒ぎしながら楽しんでいた。「何か出たらどうしよう?」「夜の墓場って怖えよな!」などと、熱に浮かされたように会話もはずんだ。

ところが脅かし役のひとりさえおらず、怪異の「か」の字も起こらないこの肝試しは、飽きるまでに大した時間もかからなかった。

参加者全員が一巡し終えるより先に、スタート地点の寺の前では苦笑まじりの軽口やあくびが飛び交う、白けたムードが漂い始めていた。

そもそも会場である墓地そのものが、肝試しにはまったく向かない場所だった。

実際に歩いてみると墓地は予想外に狭く、往復で二分も歩けば戻って来られるような、非常にこぢんまりとした造りだった。歩いている最中も、スタート地点から仲間たちのはしゃぐ声がでかでかと聞こえてきたし、振り返れば姿まで確認できる始末だった。

ゆえにまったく怖くない。緊張感のかけらすらも味わえない。

全員が歩き終わるまで、とても我慢できるような空気ではなかった。

誰もがげんなりとした気分に苛まれ、悶々とし始めていた時だった。

「なあ、寺の中に入ってみねえ?」

仲間内のひとりが、唐突にこんなことを言いだした。

無人の寺には大きな錠前がかけられ、扉は固く閉ざされている。しかし造りは簡素で、針金の一本でも見つけられれば、容易に開けられそうな代物に見受けられた。

この大それた発案に、現場に居合わせた大半の口から「賛成！」の声が大きくあがる。

いずれも肝試しを楽しめなかった分の埋め合わせを求めていることは、明白だった。

「よっしゃ！　そしたらさっそく、ここをなんとかして開けようぜ！」

鼻息を荒げながら、寺への侵入を発案した仲間が錠前に手をかける。

「おい、やめろって！　さすがにまずいだろ！」

すかさず田崎君が駆け寄り、止めに入る。肝試しだけならばいざ知らず、寺の錠前を壊して中に一歩でも入れれば、れっきとした犯罪である。是が非でも止めねばと焦った。

「ノリの悪りぃこと言うなって！　なんにもしねえ！　ちょっと覗くだけだから！」

「『なんにもしねえ』じゃねえんだよ！　てめえのやってっことは犯罪だ、ボケ！」

本気になって怒鳴りつけたとたん、へらへら笑っていた仲間の顔から笑みが失せた。

周囲でふたりの様子を見守っていた仲間たちも、気まずそうな顔で一斉に黙りこむ。

「……っんだよ、ただの冗談じゃん。もうやんねえよ。悪かったよ、怒んなよ」

田崎君の迫力に気圧され、取り繕うような笑みを浮かべながら、仲間が頭をさげた。

「分かれば別にいいよ。それよりそろそろ帰んない？　なんかもうグダグダだしさ」

田崎君も場の雰囲気を和ませようと、おどけた口調で提案する。

その時、寺の屋根にぱらぱらと、雨粒が叩く音が響き始めた。

「やべっ、雨だ！　早く帰んねえとまずいぞ！」

仲間内の数人が慌てて駆けだし、闇空に向かって両の手のひらを差しだす。

「あれ」

ところが次の瞬間、彼らの足がぴたりと止まった。怪訝そうな色を顔に浮かべながら、揃って空を呆然と見あげ始める。

わけも分からず田崎君がその様子を見ていると、雨音が急激に大きくなり始めた。

ぱらぱらがばらばらと、ばらばらがばちばちと、耳をつんざくようなうねりとなって、周囲の空気を震わせた。

そこでようやく、田崎君も異変に気がつく。

空からは、雨粒の一滴さえも落ちてきていない。

それなのに暗闇に包まれた寺の周囲には、機関銃のような雨音が木霊《こだま》している。

——否。よくよく聞くと、それは雨音ではなかった。

拍手だった。

無数の人間が渾身の力で両手を叩き合わせる、万雷の拍手。その凄まじい音の洪水が周囲の空気をびりびりと震わせ、豪雨のように轟いているのだった。

一同、「うわああ！」と悲鳴をあげ、倒《こ》けつ転《まろ》びつバイクに飛び乗った。

「罰が当たったんだ！　あんなことしようとすっから、罰が当たったんだ！」

夜道にバイクを駆りながら、誰かが震えた声でわめき散らした。

だが、それを聞いた田崎君は、果たしてそうかと考える。

確かに先ほど、仲間たちがやろうとしたことは、甚《はなは》だ罰当たりなおこないではある。ただ、罰を当てるのに拍手はないだろうと思った。罰というよりはむしろ——。

仲間たちの愚行を止めた自分への、これは賞賛ではないのか？

なんとなくだが、そう感じた。

ただ、仮にそうであったとしても、願いさげだった。

背後の墓地では今もなお、万雷の拍手が高々と木霊している。

田崎君たちはがたがたと身を震わせながら、生きた心地もしないまま家路を急いだ。

# それならば

真夏の夜、平川《ひらかわ》さんは自宅に泊まりにやってきた彼女とふたりでＤＶＤを観た。
季節柄ということで、レンタル店で選んで借りてきたのは心霊物のドキュメント作品。
ナビゲーター役の人物が全国各地の心霊スポットに潜入して、様々な怪異を捉える。
彼女のほうは怖がっていたが、平川さんはまったく平気だった。
「こんなの、俺だってひとりでガンガン行けるよ！」
必要以上に強がってみせて、いい気分で布団へ入った。

翌朝、目が覚めると、ぼろぼろに朽ち果てた見知らぬ座敷の中で寝そべっていた。
驚きながら外へ飛びだすと、自宅から十キロほど離れた距離にある廃屋だった。
地元では古くから〝最凶の心霊スポット〟と言われ、恐れられている廃屋である。

# 帰り道

藤森《ふじもり》さんが友人たちと、山中に建つ廃病院へ肝試しに出かけた時のこと。
荒れ果てた院内を一通り歩いてみたが、特にこれといって何かが起こるわけでもない。
無事に玄関先に停めた車まで戻ってくることができた。
帰り道、まっすぐ延びた下り坂を走っていると、坂の先にヘッドライトの光が見えた。
大方、自分たちと同じ物好きが、これから肝試しに行くのだろうと思った。
そのまま進んでいくとヘッドライトも近づいてきて、藤森さんたちの車とすれ違った。
すると、それまで後部席でバカ騒ぎをしていた友人たちの声がふいに止んだ。
振り返ると、彼らは真っ青になってうつむいている。
「どうしたんだよ?」と尋ねると、友人のひとりが上擦《うわず》った声で答えた。
「今さ、車とすれ違ったじゃん。あれ、見た?」

「いや、見てない」

「ボロボロで、すごい昔の車だった。全体がずんぐりした、なんか丸い形のやつ……」

「それで?」

「運転席見たら、看護婦が乗ってた。戦時中みたいな、昔の白衣着て……」

車内が再びしんと静まり返った。

嫌がる友人たちを無理やり説き伏せ、再び坂道を上って病院まで戻る。

敷地内を隈《くま》なく探してみたが、そんな車はどこにも停まっていなかったそうである。

# 双子宿　光

二〇一四年の七月初め。

久しぶりに妻とふたりで旅行へ出かけた。

当時『拝み屋郷内　花嫁の家』という、曰くつきの怪異を扱った原稿を手掛けており、私の身辺では日夜、大小様々な変事が頻発していた。

月末に控えた締め切りを目前に、本来ならば時間的余裕などない。

だが、それ以上に相次ぐ変事に翻弄され、心身の状態も限界だった。己の現状を鑑み、本格的な追いこみ作業が始まる前に一度、きちんと療養しておく必要があると判じた。

くわしい場所は伏せるが、宿泊先に選んだのは、山間の景勝地に建つ大きな温泉旅館。周囲は夏の健やかな日差しに照らされた深緑の山々がそびえ、宿の裏手には渓流が走る、見目に涼しく、爽やかな風情漂う宿である。

フロントでチェックインを済ませ、割り当てられた部屋へと向かう。

部屋は三階の奥側にあり、手前に十二畳ほどの広々とした和室、障子《しょうじ》戸で隔てられた窓際に広縁《こうえん》があるオーソドックスな造り。広縁には小さなテーブルと、肘掛けのついた木製の椅子が二脚置かれている。

窓から外を眺めてみると、目に沁みて痛いくらいの濃い緑が視界一面に広がっている。眼下には細長い渓流が軽やかな水音を響かせ、目に耳にと心地よい。

椅子に腰かけ、景色を見ながら煙草を吸う。部屋は全体的に掃除がくまなく行き届き、快適な雰囲気だったが、なぜか椅子の肘掛けだけが傷だらけで、ボロボロになっていた。ちょうど両手を乗せる位置の塗装が掻き毟《むし》られたように剥《は》がれ落ち、黄土色の木肌が剥《む》きだしになっている。柱や鴨居も見てみたが、他には特に目立つ傷は見受けられない。それなりに古い旅館なので、仕方ないかと割り切る。

チェックインが早かったため、夕飯まではまだまだたっぷり時間が有り余っていた。疲弊しきった身体を癒すべく、さっそく温泉に入ることにする。

妻にも声をかけたが、「まだいい」と言うので、ひとりで浴衣に着替えて部屋を出た。

エレベーターで一階まで降り、温泉へ続く長い廊下を歩き始める。

頭上に掛けられた案内表示に従い歩き続けていると、前方から着物姿の少女がふたり、並んで歩いてくるのが見えた。

明るい紫色の着物に黄色い帯。帯揚げと帯締めは、落ち着いた色合いの若草色である。全体的な色みから、なんとなく季節はずれの菫《すみれ》の花を連想させる。

歳の頃はおそらく十六、七。ふたりとも長い黒髪をおろして、前髪を眉《まゆ》の上辺りから真一文字に切り揃えている。

よく似たふたりだなと思ったが、距離が狭まっていくにつれ、顔も同じだと分かった。一卵性の双子である。色白で綺麗な顔立ちをした少女たちだった。

そばまで行き合うと双子は揃って笑みを浮かべ、私に軽く会釈した。

「いらっしゃいませ。ごゆっくりと楽しんでいらしてください」

声までぴたりと揃っている。鈴を転がすような声風《こわぶり》が、くすぐるように耳朶《じだ》を打つ。

ふたりの挨拶にこちらも会釈を返し、視線を再び前方へ向け直す。

まだ若いというのに丁寧な挨拶ができて、いい娘たちだと思った。他の仲居たちとは着物の支度が異なるので、もしかしたら座敷や宴会場で琴弾きか何かをしている芸人か、あるいは旅館の身内なのかもしれない。

なんとなく気になり、すれ違いざまに背後をすっと振り返ってみる。

いない。

まっすぐ伸びた廊下の上に、双子の後ろ姿はどこにも見えなくなっていた。

一瞬呆気にとられたが、すぐに事態を呑みこみ、ため息をつく。

療養目的の旅行ゆえ、別にどれだけ気を抜こうと誰から文句を言われる筋合いもない。

ただ私の場合、気を抜き過ぎると必然的に妙なものを視界に認めやすくもなる。

いつぞやテレビ局のトイレで出くわした女のことを思いだし、背筋が少し寒くなった。

あんな思いは二度とご免である。

幸い、今しがたすれ違った双子は、こちらに害意があるような存在には思えなかった。

宿の雰囲気も特段怪しいものはなく、それなりに気をつけておけば大丈夫かと思い直す。

同時にせっかくの休みなのだから、余計な気苦労は勘弁してほしいとも思った。

その後、たっぷり二時間近くかけて温泉に浸かった。

源泉の異なる内風呂がふたつある他、外には竹垣で囲われた大きな露天風呂もあって、おまけにサウナまで完備されている。去年の冬場辺りから原稿絡みの様々な怪異を初め、身の縮まるような不遇が続いていたので、脳まで溶かすつもりでひたすら湯に浸かった。

湯からあがって時計を見ると、午後の五時を少し回る頃。

部屋に戻って一休みすれば、ちょうど夕飯にありつけそうな案配だった。

再びエレベーターで三階まであがり、部屋へと戻る。

格子柄の引き戸をノックして「戻ったよ」と声をかけるなり、すぐさま妻が戸を開け、

「さっきも叩かなかった?」と訊いてきた。

なんのことかと尋ね返すと、私がいない間、何度も外から戸を叩かれたのだという。

最初は私が部屋を出てから二十分ほど経った頃。次はそれからさらに三十分後あたり。

最後は私が部屋に戻る十分ほど前。

いずれもノックに応じて戸を開けたが、外には誰もいなかった。

さすがにいたずらだろうと思い、今度はドアの向こうで待機して、ノックが鳴ったらすかさずドアを開けて犯人を確かめようとしていたらしい。

「そんなことはしていない」と答えると、「じゃあ、誰なんだろう」と妻が訝《いぶか》み始める。

妻の思うとおり、単なるいたずらだろうと思った。とはいえ、迷惑な話である。

「今度は俺が出るから気にするな」

妻にはそう言ったものの、結局、夕飯の時間まで再び戸が叩かれることはなかった。

# 双子宿　闇

その後、六時頃に一階の食事処に行って、ふたりで夕飯を食べた。

食後、妻は温泉に向かい、私はひとりで部屋へと戻る。

とはいえ、特にやることもなかった。ひたすら休むためにやってきた温泉旅行である。仕事用のノートPCはおろか、メモ帳の一冊すら持ってきていない。

テレビをつけて時間を潰そうとしてみたが、日頃からテレビを見る習慣などないため、どうにも集中することができない。仕方なく一階の売店で酒とつまみを適当に買いこみ、広縁に設えられたテーブルセットで酒盛りを始める。

缶ビールを二本ほど空けたところで、妻が部屋へ戻ってきた。「呑むか」と勧めると、珍しく「呑む」と答えたので、テーブルを挟んで酒を酌み交わす。

二時間ほど呑んだところで妻は眠気を催し、座敷に敷かれた布団へ潜りこんでいった。

窓から外を見やると、いつのまにか夜もすっかり更けていた。外灯に照らしだされた庭木が眼下にいくつか浮かんで見える以外、あとは一面の墨景色である。

妻の寝息が聞こえ始めると、部屋の明かりも消した。広縁側の小さな照明だけにして薄暗い部屋の中、酒を呑む。

いい具合に酔って自分もさっさと眠りたいのだが、なかなかうまく酔うことができず、眠気も差してこなかった。代わりに頭が妙に冴えてしまい、様々なことが脳裏をよぎる。

拝み屋の仕事で今現在携わっている、末期癌《がん》を患ってしまった常連客の容態。

私の熱烈なファンと称して、夜中に長電話をかけてくる傍《はた》迷惑な女のこと。

締め切りまで残りひと月を切ってしまった、原稿の進捗について。

そして原稿を書けば書くほど我が家で頻発する、諸々の気疎《けうと》い怪異——。

温泉にたっぷり浸かってほぐしたはずの気疲れが、またぞろ頭の中から膿汁のようにどろどろと染みだしてくる。本来なら酒で軽くなるはずだった心持ちが、逆に酒の力で鉛のように重たくなってきた。悪酔いというやつである。

時計はすでに十時を大きく回っていた。このままでは平行線をたどりそうだと考える。もう一度気持ちを立て直そうと思い、私は再び温泉へ向かった。

大きな旅館なのでこんな時間でも誰かいるだろうと思っていたのだが、予想に反して温泉には誰の姿も見えなかった。湯煙で白々と霞《かす》む内風呂にしばらくどっぷりと浸かり、続いて露天風呂へと移動する。

山間という環境だからだろうか。真夏なのに、戸外の空気はひんやりしていて涼しい。冷えた夜風に当たりながら浸かる熱い湯は、内風呂よりも数段心地よかった。

大きな石で組まれた湯船の縁に背中を投げだし、夜空を見あげながら放心していると、湯船のはるか向こうでふいに「ぽちゃり」と水のはじける音がした。

湯を掻き分けながら見にいくと、一匹の蝉《せみ》が水面に腹を浮かべて伸びていた。

七月初旬という時節柄、おそらく羽化してまだまもない蝉なのだろう。

これからだという時に、なんとも不運なことだと思い、両手で掬《すく》ってお湯からあげる。

蝉はしばらく微動だにしなかったが、そのうち針金みたいな脚をもそもそと動かし始め、どうにか息を吹き返した。

頃合いを見計らって竹垣のてっぺんに置いてやると、小さな翅を小刻みに震わせ始め、まもなく闇の中へ飛び立っていった。

今度はこんなところに落ちるなよと思いつつ、私も風呂からあがることにした。

再び部屋へ戻るが、酒を呑むぐらいしかやることがない。妻も眠ったままである。

広縁のテーブルセットに腰をおろし、温泉で火照《ほて》った身体に冷えたビールを流しこむ。

細く開いたカーテンの隙間から何か面白いものでも見えないものかと顔を向けてみるも、何度覗いてみたところで外は一面の漆黒である。

だらだらと酒を煽《あお》り続け、再び時計を見てみると、いつのまにか日付けを跨《また》いでいた。

相変わらず眠気は差してこなかったが、そろそろ寝るかと考える。

ため息をつきながら、椅子から腰をあげようとしかけた時だった。

襖《ふすま》に仕切られた部屋の入口のほうから、がちゃりと小さく音が聞こえた。

どうやらドアが開いたらしい。

誰だと思って立ちあがろうとしたが、身体が石のように固まって動くことができない。

瞬時に金縛りと察し、とたんに厭な胸騒ぎを覚え始める。

視線を入口のほうへ向けると、閉ざされていた襖がゆっくり開き始めるのが見えた。

襖の向こうの暗がりには、橙色の明かりが仄《ほの》かに燈っている。

薄明かりの中、横並びになった顔がふたつ、ぼんやり浮かびあがったのが見えた。

それが誰なのか分かるなり、喉から声にならない喘ぎがため息のように絞り出た。

昼間に廊下で見かけた、あの双子たちだった。

片方が行灯を携え、ふたりでにやにや笑いながら、細長い目で私の顔を見つめている。

その笑い顔には昼間感じた愛らしさなど、一片たりとも残されていなかった。

見立てを間違えたか。やはり警戒しておくべきだった……。

蒼ざめながら後悔するも、すでに後の祭りだった。

双子の顔を見ているとなぜか直感的に、こいつらは単なる〝幽霊〟ではないと思った。

たとえばこの旅館で昔死んだ人間だとか、そんなありきたりな存在なのではない。

この旅館に古くから棲みついている、妖かしのような存在。

元から化け物として、この世とあの世の境に存在している者たち。

双子が放つ禍々《まがまが》しい物腰からそんな印象をまざまざと感じ、肌身がぞっと凍りついた。

開け放たれた襖から、双子が部屋の中へ入ってくる。

私と双子の間には、妻が静かに眠っている。

このまま双子がまっすぐ進んでくれれば、眠る妻へと行き当たる。

危険を察し、必死で身体を動かそうとするが、わずかに動くのは両の指先だけだった。

指先に力をこめて動かしながら立ちあがろうとするさなか、視線を落としてはっとなる。

私の指が載っている肘掛けの塗装は掻き毟られたように剥がれ落ち、黄土色の木肌が剥きだしになっている。昼間、最初に肘掛けを見た時はそう思っていた。

本当は掻き毟られたように、ではないのだ。

実際にこれまで何度も何度も、大勢の人間に掻き毟られているのである。

現に自分も今、必死になって立ちあがろうと肘掛けを思いっきり掻き毟っていた。

下卑た笑みを浮かべながら双子たちが、そろそろとした足取りで座敷を横断してくる。足取りは遅いながらも妻が眠る布団まで、あと一メートルほどまで迫りつつあった。

声もほとんど出ないため、妻に危険を知らせることもできなかった。

成す術のない絶望的な状況に焦りと恐怖が肥大化し、全身から脂汗が噴きだし始める。

と、そこへ。

「びぃぃぃぃぃぃぃぃぃぃぃぃぃぃぃぃぃぃぃぃぃぃぃぃぃぃぃぃぃぃぃぃぃぃぃぃぃぃぃぃぃぃぃぃぃぃ！」

窓のほうから生木を引き裂くような鋭い音が、高らかと鳴り響いた。

とたんに双子の顔から笑みが消え、はっと驚いたように目を瞠る。

窓のほうへ視線を向けると、細く開いたカーテンの隙間から、ガラス窓の向こう側に貼りつく小さな蝉の姿が見えた。

再び視線を座敷のほうへ向ければ、双子の姿は影も形もなくなっていた。

同時に身体も自由になるのが分かった。立ちあがって窓辺へ近づくと、蝉はガラスを蹴って羽ばたき、闇夜の中へ溶けるように消えていった。

何も確証こそなかったが、もしかしたら先ほど温泉で救った蝉だったのかもしれない。渡りに船とはまさにこのことである。安堵に包まれ、太い息を長々と漏らす。


翌日、目覚めと同時にチェックアウトを済ませ、自宅へ帰ることにした。

二泊三日の予定だったので妻はひどく残念がったが、こんな宿でもう一晩過ごすなど絶対にご免だった。適当に言い訳を作って妻を説き伏せ、私は宿をあとにした。

療養目的の温泉休暇はえげつない双子のせいで中途半端な形で打ち切られ、帰宅後はろくに身体の疲れも抜けないまま、原稿執筆を再会する羽目になった。

どうにか月末の締め切りに間に合いこそしたものの、直後に私は体調を崩してしまい、数日寝こむ憂き目にもあった。

あの時休養を取れなかったせいだと考えると、今でも私はすこぶる厭な気分になる。

# 不明の声

ヒキガエルを喰らえ！
青い空の下、蒼ざめた面《つら》つきで！
アオダイショウを裂け！　縦にふたつに引き裂き、生き血を啜《すす》れ！
赤い空の下、夕焼けの真っ赤な返り血を浴びて！
胸うちに鮮血を思い浮かべ、血潮がたぎる！
目に釘《くぎ》打て！　鼻奥に焼き鏝《ごて》、突き立て！　唇には針と糸！　結んで閉じよ！
怨敵は、遥か地にいる！　ここにはあらず！
されど案ずるなかれ！
届くだろう！　届くだろう！　届くだろう！
目に釘打て！　鼻奥に焼き鏝、突き立て！　唇には針と糸！　結んで閉じよ！

ようやくの思いで手に入れた一軒家。

最寄り駅からもひどく遠い、田舎町のはずれに建つ築三十年以上の中古住宅だったが、それでも池田《いけだ》さんは、我が家を持てたことがうれしかった。

夜毎聞こえる、野太い男の声に気がつくまでは。

声は家の中のどこからか聞こえてくる。だが、どこなのかは分からない。

遠いようで近くもあり、近いようで遠いようでもある。

大きいようで小さくもあり、小さいようで大きくもある。

距離の間隔も、音量さえも、まるで掴むことができなかった。

声はおよそ、八日にいっぺんの割合で深夜、寝静まった頃に突然聞こえ始める。

距離も音量も掴めないあやふやな声だったが、空耳とは思えないほど鮮明ではあった。

声は池田さんだけではなく、彼の妻も、中学一年生になるひとり娘にも聞こえる。

ただ、不思議と家族以外の誰かを家に泊めても、そんな声など聞こえないと言われる。

家を手放すにも、すでに数十年のローンを組んでしまっている。

不動産業者もまったく取り合ってくれず、途方に暮れながら暮らし続けているという。

# 持っていかれる

昔、梨乃《りの》さんが高校の修学旅行で泊まった地方の旅館で、こんなことがあったという。

割り当てられたのは二十畳ほどの大部屋で、梨乃さんを含め八人の女子が同じ部屋で一夜を共にすることになった。

大広間での夕食後、温泉に浸かって部屋に戻ると、あっというまに消灯時間になった。

電気の消えた暗い部屋の中、布団に入ってみんなで明日の予定などを話し合っていると、そのうち眠気が差してきて、誰ともなく深い眠りに落ちていった。

それからどれほど眠った頃だろう。

頭上ではじける凄まじい怒声に、梨乃さんははっとなって目が覚めた。

布団から起きあがって様子を窺うと、暗い部屋のまんなかに誰かがすっくと直立して、大声で何かをしきりにわめいているのが見えた。

周囲の女子たちも異変に気づいて目覚めたらしく、布団から次々と身体が起きあがる。続いて誰かが蛍光灯の紐を引き、部屋中が明るくなった。

とたんに梨乃さんを含め、目覚めた女子たちから一斉に悲鳴があがる。

部屋のまんなかで大声を張りあげていたのは富貴子《ふきこ》さんという、普段は口数の少ない地味で目立たない性格の女子だった。

「持ってくぞお！　持ってくぞおぉ！　いいかあ、あははぁ！　持ってくからなあぁ！　あはははははははははははは！　あはははははははははははははは！」

喉が潰れんばかりの大声を張りあげ、富貴子さんは意味の分からないことを叫んだり笑ったりを繰り返していた。両目は反転して白目がかっと剥《む》きだし、口元からは細長いよだれが白糸のように垂れ落ちている。

「持ってく持ってく持ってく持ってく！　あと少しだ、少し！　少しだからなあぁ！　持ってく持ってく持ってくぞおおおおお！」

絶叫しながら富貴子さんが、ぴょんぴょんと直立したまま跳ね始める。

あまりの光景に梨乃さんは竦《すく》みあがり、その場を動くことができなかった。

他の女子たちも同じく、互いに抱き合ったりしながら布団の上で身を震わせている。

「持ってく持ってく持ってくぞお！　あはははは！」

叫び声が一段と大きくなり、畳の上を跳ねる高さも跳ねれば跳ねるほどに増していく。

跳ねるたびに富貴子さんの両脚が梨乃さんたちの腿《もも》、腰、腹、胸の高さまで浮きあがり、頭の先が天井すれすれまで浮きあがる。

唖然としながらその光景をみんなで見つめ続けるさなかだった。

富貴子さんの上半身が蛍光灯のカバーにぶつかり、部屋の明かりがぐらぐらと揺れた。続いて蛍光灯の引き紐が富貴子さんの指に引っかかり、ばちんと大きな音が鳴る。

とたんに部屋中が真っ暗になり、みんなの口からようやく大きな悲鳴が絞り出た。

暗闇の中に梨乃さんたちの絶叫と富貴子さんの笑い声が飛び交うなか、部屋の外から「おいどうした！」と大きな声が聞こえ始めた。担任の先生の声だった。

それから部屋の中にどかどかと大きな足音が入ってきて、再び「ばちん」と乾いた音。再び部屋が明るくなり、目の前に視線を向けると、蛍光灯の下に先生が立っていた。

背後では富貴子さんが仰向けにのびて、白目を剥いたまま口から泡を吐いている。

同時に開け放たれた部屋の入口から、他のクラスの先生たちも次々と中へ入ってきた。騒ぎを聞きつけた他の部屋の生徒たちも集まってきて、部屋の様子を覗き見ている。

「何があったか説明しろ！」と言われたが、誰もまともに答えることなどできなかった。しどろもどろになっているところへ突然、がたんと大きな音がした。びくりとなって目を向けると、床の間の掛け軸が落ちていた。掛け軸の裏側の壁には「死霊祓い」と筆書きされた、大きな御札が貼られていた。

その後、富貴子さんは病院に搬送されたものの、意識が戻ったのちも正気には戻らず、卒業まで学校に姿を現わすことはなかった。

学校側が旅館に対し、富貴子さんの変調と御札の因果関係について問い質《ただ》したところ、過去に人死にがあった部屋との返答があった。

責任の所在を巡って学校と旅館、学校と富貴子さんの両親がしばらく揉めたらしいが、科学的な証明ができないということで、結局うやむやになったらしい。

旅行後、臨時の生徒集会や保護者説明会が何度も開かれ、しばらく騒ぎになったので、今でもよく覚えていると梨乃さんは語る。

# 首長竜

凍てつく夜空に銀色の満月が浮かぶ、初冬の晩のことだった。

その日、杉村《すぎむら》さんは突発的に自殺の衝動に駆られた。

数日前、杉村さんは勤め先の町工場で事務を担当している女の子に交際を申しこんだ。勤め始めた頃からずっと心を寄せていた女の子で、ここ最近は会話の回数も増えていた。チャンスは今だと判じ、勇気をだして秘めたる想いを打ち明けたのだという。

ところが結果は玉砕だった。

「わたしなんかよりも、杉村くんにふさわしい人、いっぱいいると思うから……」

謙遜しながら交際の申し出を断る彼女の顔には、かすかに嫌悪の色が滲んでいた。

社員数八名ほどの小さな工場だったため、杉村さんの告白はその日のうちに全社員の耳に入ることになった。一応みんな慰めてくれたが、上っ面だけの話である。

心の中では誰もが杉村さんのことを笑っていた。事務の女の子と同様、彼らの顔には、瞳の奥には、同情心に隠された愚弄《ぐろう》や嘲笑の色が滲んでいた。

好きになった女性に自分の想いを打ち明け、ふられてしまった。

ただそれだけのことなのに、どうしてこんな思いをしなければならないのか。

杉村さんには理解ができなかった。

玉砕から二日が経っても三日が経っても、工場の同僚たちからは好奇の目で見られた。同情を装いながらも、露骨にからかう者さえいた。失恋したという心の傷よりもむしろ、杉村さんは同僚たちの心ない視線のほうに強く傷ついた。

元々小心者で人付き合いも苦手だった杉村さんは、こうした状況に耐えられなかった。彼女への告白も、ありったけの勇気を振り絞っての大勝負だった。

杉村さんが強く言い返せないのをいいことに、同僚たちは杉村さんをからかい続けた。大好きだった事務の彼女でさえも、杉村さんの視界の端で侮蔑のこもった笑みを浮かべ、陰では「ほんとに迷惑だった」などと、同僚たちに吹聴していた。

そんなことまで知ってしまうと、もはや心は限界だった。

仕事が終わった午後の七時過ぎ。

杉村さんは工場の倉庫から荒縄と木箱をくすねると、自宅とは反対方面に車を走らせ、死に場所を求めて夜の闇をさまよった。

ハンドルを握りながらこぼし続けていた悔し涙は、二時間ほどで涸れ果てた。

けれども気分は一向に晴れない。同僚たちや、彼女の薄ら笑いを頭に思い浮かべると、このままこの世から消えてしまいたいという願望が、ますます募っていくばかりだった。

それはまるで、悪い熱に浮かされたような感覚だった。

やがて時刻が十時を回る頃、いつのまにか杉村さんの車は見知らぬ山中を走っていた。かなりの距離を走ったため、もしかしたら他県の山かも知れなかった。

細く狭い山中の道路は未舗装で、剥《む》きだしの土と石くれが、車体を時折激しく揺らした。行き違う車の姿は一台もなく、路肩には街灯すらも立っていない。山中はひたすら暗く静まり帰っている。死ぬにはちょうどよい場所だとも判じられた。

それからさらに車を走らせていくと、視界が急にぱっと開けた。

周囲に鬱蒼《うっそう》と生い茂っていた樹々が一本残らず消え失せ、代わりに天と大地の両方に無数の星々と銀色の満月が輝く光景が、視界いっぱいに広がった。

車を停めて前方に目を凝らすと、そこには巨大な湖が満天の星空を映して輝いていた。その静謐《せいひつ》な美しさに思わずはっと息を呑み、杉村さんは一瞬、茫然自失となる。

車から降りて、岸辺にそっと腰をおろしてみる。湖は山中に吹きわたる冷たい微風に煽《あお》られ、星空を映しこんだ煌《きら》びやかな水面を静々と揺らしていた。

最期を迎える場所としては、これ以上ない絶景だな——。

水面に浮かぶ銀色の月は冷え冷えと力なく輝き、ふるふると頼りなく揺らめいていて、まるで今の傷ついた杉村さんの心を、そのまま映しだしているように感じられた。

この冷たい月がいちばんよく見えるところで、首を吊ろう——。

杉村さんは腰をあげると岸から離れ、湖を囲む樹々のほうへと歩いていった。

ほどなく手頃な枝ぶりの樹を見つけ、荒縄を括りつけて輪っかを作った。枝の下から湖を見やると、銀色の満月が眼前の水面に浮かんでよく見える。

踏み台代わりの木箱に足をかけ、輪っかに首を通しかけた時だった。

湖のまんなか辺りの水面に、何やら黒くて長いものが伸びているのが目に入った。

目算で推し量って、大きさはおそらく五メートルほど。形は電信柱のように細長いが、先のほうに向かってゆったりとカーブしており、先端部分はほぼ水平を向いている。

正体を計りかね、無言で様子を窺っていると、物体は水面を滑りだし、先端を上下にくねらせながら移動し始めた。

その動きと細長い形状が頭の中で結合した瞬間、ぴんときた。

首長竜だ――。首長竜の生き残りが、自分の目の前を泳いでいる。

幼い頃、ネス湖のネッシーや池田湖のイッシーなど、水棲の未確認生物が好きだった。子供向けの専門書や雑誌で未確認生物の特集記事を見つけるたび、暗記するほど読んで謎多き彼らの生態や正体に果てしないロマンを抱いていた。

杉村さんが彼らの正体に推していたのは断然、首長竜だった。

その首長竜が、幼い頃に憧憬の念を抱き続けた太古の生物が今、自分の目の前にいる。

銀色の月明かりを浴びた幽冷《ゆうれい》な水面を滑るように泳ぐ首長竜の黒い影を見つめていると、首吊りなどより入水自殺のほうに心を惹かれた。

元より正気は失っていたが、首長竜との思いがけない邂逅《かいこう》に心がさらに乱れ狂う。

踏み台代わりの木箱から降り、首長竜の泳ぐ水面に向かってふらふらと歩いていく。

すると水面に屹立《きつりつ》する影が突然、もうひとつ増えた。

すごい！　ここは首長竜の一大生息地だ！

新たに水面へ浮かんだ細長い影は、最初の影の真横へ寄りそうようにぴたりと並んで、音もなく静々と水面を滑っている。

歓喜に震えながら歩調を速め、さらに岸へ近づいていくと、またしても暗い水面から細長い影が三つ、続けざまに姿を現した。

水面に浮かび立った五本の首は横一列に固まって並び、全てが同じ方向を向いている。何を見ながら泳いでいるのだろう——。

杉村さんが、そろそろ岸辺へ到着する頃だった。

五本の首がぶわりとさらに伸びあがり、冷たく輝く水面に首の根元が晒《さら》けだされた。首は根元で全てつながっていた。

続いて五本の首をつなげた平たい形の巨大な物体が、水面に音もなく迫りだしてくる。見たことのある形だった。けれども、大きさが違い過ぎる。

それがなんなのか分かった瞬間、どくんと心臓が脈打ち、足が止まった。

水面に浮かぶ物体は首長竜などではなく、あまりにも巨大な人間の手首だった。

巨大な手首は、五本の指を結んだり開いたりしながら、満月の輝く水面を滑っている。

銀色の月明かりを浴びた手首は生白く、甲には細い血管が幾筋も浮いているのが見えた。

やっぱり厭だ。

あんなのが蠢《うごめ》く水の中で死ぬのは、絶対に厭だ——。

正気に戻った杉村さんは、転がるように車へ飛びこむと、元来た山道を猛然と下った。

山を降りる頃には、死ぬ気もすっかり失せていたという。

# 神隠し

「神隠しにあった人って、行方不明の間、どういうところに迷いこむのか知ってます？発見された時に『全然記憶がない』って人もいますけど、僕は覚えているんですよ」

医療関係の仕事をしている笹村《ささむら》さんが、奇妙な昔話を聞かせてくれた。

今から四十年ほど前、彼が小学三年生だった頃の話である。

その年の夏休み、地元の子供会で毎年恒例の肝試しがおこなわれた。

笹村さんが当時暮らしていたのは、山間の閑静な田舎町。

肝試しがおこなわれていたのは、小学校の裏手にそびえる山の中だった。

校舎の裏手から伸びる、ゆるやかな山道をしばらく上っていくと、山中の少し開けた原っぱに山神さまを祀った小さなお堂が建っている。

このお堂をゴール地点にして暗い山道を上っていくのが、毎年の定番だった。

通常、肝試しは少人数のグループか独りきりで行かされる場合が多いが、笹村さんの地元では道中が山道ということを配慮してか、全員が一斉に出発するのが慣わしだった。引率の父兄らに付き添われ、総勢三十人ほどの児童たちが銘々に懐中電灯を携えながら、長い行列をなして真っ暗な山道を進んでいく。

肝試しが始まる直前、父兄から怖い話を聞かされてスタートするため、最初のうちは少しだけ怖い気分になる。だがみんなで一緒に歩くため、怖気《おじけ》づくほどの怖さではない。肝試しというよりはむしろ、真夏の夜の一風変わったハイキングという気分だった。

この夜、笹村さんは仲のよい同級生たちと並んで一緒に歩いていた。

けれども山道を歩き始めてまもなく、履いていた靴の紐がほどけてしまう。

「ちょっと待ってよ！」

叫びながら紐を結び直そうとするのだが、目の前を歩く一行は、みんなおしゃべりに夢中で気がついてくれない。必死になってようやく紐を結び直した時には、前方を歩く人影は夜の漆黒にまぎれ、ほとんど見えなくなりつつあった。

前方で蛍《ほたる》のごとく幽《かす》かにちらつく懐中電灯の光を頼りに、闇深い山道を駆け上る。

光に向かって距離が狭まり始め、あと少しだと安堵しかけた時だった。
ふいに道端の茂みから何かが飛びだし、笹村さん目がけて一直線に突っこんできた。
ぼすりと鈍い衝撃が脇腹に生じ、思わず「うっ」と苦悶の呻《うめ》きがあがる。
なんだろうと思って懐中電灯の光をかざしたとたん、総身が竦《すく》みあがった。
目の前にのっぺりとした質感の、白い顔があった。
ざんばらになった黒髪に、白目のない真っ黒な目。小さなおちょぼ口。赤色の着物。
笹村さんより一回りほど小さいけれど、人形にしては異様に大きな背丈の日本人形。
それが笹村さんの脇腹にはっしとしがみつき、こちらを無言でじっと見あげていた。
喉の奥からたちまち爆雷のような悲鳴があがり、無我夢中で人形を振りほどく。
がたがたとわななく足を懸命に振りだし、暗い山道を全力失踪で駆け上っていく。
「助けて！　助けて！」と叫びながら、ひたすらまっすぐ駆け続ける。
ところがいくら走れど、前方の暗闇に懐中電灯の明かりは見えてこない。
仲間や父兄の背中も見えず、声も聞こえず、気配すらも感じることができない。
それでも走り続けていくと、ふいに視界が開け、目の前に満天の星空が広がった。
山神さまの原っぱまで来たのかな、と思ったが、よく見てみると違った。

目の前には星明かりに照らされた、無数の田んぼと畑が広がっている。

田畑の向こうには、切り立った山並みが広々とそびえている。

一瞬、裏山の向こうへ出てしまったのかと思ったが、すぐに違うと直感した。

学校の裏山の向こうは町の中心部になっていて、商店街や住宅地の家々から放たれる明かりで、この時間もまだ煌々《こうこう》と輝く街並みが見えるはずだった。

ならばここは、どこなのだろう——。

途方にくれかけた時、視界の右手に明かりが見えた。

視線を向けると暗闇のさなかに小さな民家が一軒あって、格子状になった窓や障子の向こうから橙色の薄明かりが柔らかくこぼれ漏れている。

ほっと胸を撫でおろし、民家の玄関に向かって小走りに駆け寄っていく。

ぐんぐん近づき、距離が狭まっていくと、民家はまるで昔話の世界に出てくるような木造平屋の、今にもひしゃげて潰れてしまいそうな古びた家屋だった。

分厚い木板で閉ざされた玄関らしき前に立ち、「こんばんは！」と声をかける。

しかし返事は返ってこない。

何度か声をかけてみたが、中から誰も出てくる気配はなかった。

仕方なく玄関から壁伝いに歩いて、明かりが漏れている障子戸の前まで近づいてみる。障子はところどころが破けて大きな穴が空いていたので、そっと中を覗きこんでみた。板の間が見える。床のまんなかには、橙色の炎を揺らめかす炉があった。炉辺には白髪頭のお爺さんとお婆さんがいて、黙って炉の縁に座っている。

「こんばんは！　すみません！　こんばんは！」

ふたりに向かって必死で声を張りあげるが、老人たちはその場にじっと固まったまま、なんの返事も反応も示さない。まるで蝋人形のようだが、それでも瞬きをしているので、生きている人間なのだと思う。けれどもなんの返事もなかった、

そのうちだんだん恐ろしくなってきて、笹村さんは民家に背を向け駆けだした。

その後、民家の前に伸びる細道を歩き、どうにか元来た山道へ引き返そうと努めたが、歩けば歩くほど自分がどこにいるのか分からなくなっていくばかりだった。

最初に見つけた老人たちの家以外に、不思議と人家も一切見つからなかった。

周囲に見えるのは月明かりに照らされた田畑と山々ばかりで、人の気配はまるでない。

半べそをかきながら静まり返った野道を当てもなくさまよい歩きうち、身体が疲れてそのうちまともに歩くこともできなくなってきた。おまけに喉も渇いてくる。

両脚を引きずりながらも歩き続けていると、そのうちどこかで水の音が聞こえ始めた。
音を頼りに進んでいくと、大きな川が目の前に開けて見えた。
堤防を下って川辺へおりる。
水の音を聞いただけで、喉はさらにからからに干上がった。
かなりの躊躇《ちゅうちょ》があったものの、川の水を両手に掬《すく》って恐る恐る飲んでみる。
変な味はせず、喉も潤ったが、それでも少し心配になる。
渇きが癒えると、疲れがどっと押し寄せ、そのまま川辺に倒れるように腰をおろした。
どこにも行く当てはないため、このままここでじっとしていようかと考える。
疲れと不安で痺れた頭で、自分が置かれている状況について改めて考えてみた。
けれども答えが出ることはなかった。
考えれば考えるだけ、不安と恐怖が募るばかりだった。
しばらく川辺に座り込んで呆然としていると、そのうち空が白んできた。
真っ暗だった遠くの野山が淡い緑に彩られ、空も少しずつ薄い青へと染まっていく。
同時に笹村さんは疲れ果て、気づけばいつしか深い眠りへと落ちていった。

大声で名前を叫ばれ、両肩を揺さぶられる衝撃で笹村さんは目を覚ました。

目の前には近所のおじさんたちがいて、笹村さんの顔を心配そうに覗きこんでいる。

寝覚めで呆けた頭で周囲を見回してみると、山神さまの祀られている原っぱだった。

肝試しのゴール地点である。笹村さんは山神さまの祠の前で横になっていた。

何気なく祠のほうに目を向けたとたん、眠気が一気に吹っ飛び、大きな悲鳴があがる。

祠の脇に、異様に大きな背丈の日本人形が突っ立って、黙ってこちらを見つめていた。

肝試しのさなか、笹村さんに抱きついてきた、あの人形である。

おじさんたちに「今までどこに行っていたのか?」と尋ねられたので、ありのままに
これまでのいきさつを答えた。だが、おじさんたちは首を捻るばかりで要を得なかった。

それでは時間の辻褄が合わないのだと言う。

聞けば笹村さんがいなくなったのは、四日ほど前だった。

捜索を始めたいちばん初めに山神さまの原っぱを探したし、翌日も山の中を虱潰しに
探して回った。だが山の中に笹村さんの姿は一向に見つからなかったのだという。

祠の前に突っ立つ人形に関しても、素性は不明だ。

果たしていつ頃、誰が置いたものなのか、誰も何も分からないのだという。

無事に帰宅したのち、家族にも失踪中に身に起きた話を語ったが、やはり半信半疑であまり反応はよくなかった。

ただ後日、噂を聞いた地元の住民たちが「気味が悪い」とのことで、山神さまの祠へ神主を呼び、お祓いをしてもらうとともに人形も処分してもらったそうである。

原因も結末もわけが分からず、後味の悪い話なのだが、それでも四十年ほど前の真夏、独りで得体の知れない土地を歩き回った記憶は今でも鮮明に残っていると、笹村さんは語っている。

# 赤い車

私の古くからの常連客に、坂下《さかした》という男がいる。

歳は三十代半ば。岩手県出身。

現在は仙台市内のガソリンスタンドに勤める、表向きはごくごく平凡な男である。

だが彼は、若い頃に始めたある特異な趣味のおかげで、大きく人生が狂ってしまった。

以下に四話、彼の人生を狂わせた発端から経緯、その顚末《てんまつ》までを紹介していく。


全ての事の発端は、今から二十年ほど前の真夏。

坂下が高校時代、地元の岩手に暮らしていた頃にさかのぼる。

肌身がしとどに汗ばむ、蒸し暑い晩のことだった。その日、坂下は三つ年上の先輩が借りているおんぼろアパートの一室に、だらだらと入り浸っていた。

「なあおめえ、これから宝探しに行かねえか?」

時刻が深夜の一時を回る頃、先輩がにやけ面で妙な話を持ちかけた。

「なんすか、宝探しって?」

当惑しながら尋ね返した坂下に、先輩は勿体ぶったように「くっくっ」と笑った。

「ひと山当てるやり方を教えてやるって言ってんだよ。いいから行くぞ」

言うなり先輩が立ちあがったので、坂下もわけが分からないまま、あとを追った。

ふたりでアパートを抜けだし、先輩の運転する車に乗って深夜の市街地へと繰りだす。

車はつい先日、先輩が後輩を騙して手に入れた安物の白い軽自動車だった。

真っ暗闇に包まれた国道を三十分ほど走り続けて到着したのは、盛岡駅からほど近い山中にある、鬱蒼《うっそう》とした樹々に囲まれた公園だった。

詳細は伏せるが、ここは過去に悲惨な事故で多くの人が亡くなった場所で、園内には犠牲者たちの慰霊碑を始め、記念塔や地蔵尊などが点在している。

事故の背景や山中のうら寂しい立地であることから、地元界隈では幽霊が出るとして恐れられている場所でもある。ゆえに夜間は人の気配ががらりと途絶え、辺りは異様な静寂と雰囲気に包みこまれる。

園内入口の駐車場へ車を停めると、先輩は懐中電灯を片手に、広場へ続く長い階段を何食わぬそぶりで上っていく。怖《お》じ怖《お》じしつつ、坂下もそれに続いた。

「あの、先輩。これってもしかして肝試しっすか？　ここ、マジでやばい場所っすよ？やめたほうがいいんじゃないっすか？」

坂下がやんわりとたしなめる。

「バカおめえ、宝探しっつったろうが。いいから黙ってついてこいや」

だが先輩は、坂下の言葉を事もなげにうっちゃり、まるで取り合おうとしない。

階段を上りきり、真っ暗闇の広場をどんどん進んでいくと、やがて巨大な石碑の前で先輩の足が止まった。石碑の両隣には、犠牲者の氏名がずらりと彫り刻まれた芳名板が肩を並べて屹立している。当時の事故を象徴する、公園でいちばん大きな慰霊碑だった。

「おお、あったあった。今日もざくざく大量じゃねえか！」

声をはずませながら、先輩が慰霊碑の前へと屈みこみ、何やらがさごそとやり始める。その様子を背後から覗きこんだとたん、坂下の顔から血の気が引いた。

「へへへ。これがおめえ、今時の宝探しっつうやつよ！」

先輩は慰霊碑の前に積みあげられた大量の小銭を、持参した小袋に詰めこんでいた。

慰霊碑の前には、大きな賽銭箱《さいせんばこ》が設置されている。だが、石碑の前に直接供えられた小銭も多かった。よく見ると五円硬貨や十円硬貨に混じって、百円硬貨や五百円硬貨もちらちらと混ざりこんでいた。集めればそれなりの金額になる枚数である。

先輩はそれらを根こそぎかっさらうようにして、袋の中にどんどん詰めこんでいく。

「いやいやいやいや！　まずいっすよ！　絶対崇られますって！　つか捕まります！」

「崇られもしねえし、捕まりもしねえよ！　俺はもう、ずいぶん前からやってんだぜ？　何遍やったって崇りなんか起きたりしねえし、大体そんなもんあるわけねえんだよ」

必死になだめすかす坂下をせせら笑い、先輩は嬉々として小銭を袋へ詰めこむ。

結局、坂下の説得も虚しく、先輩は慰霊碑の前にあった小銭を一枚残らず掠《かす》め取ると、ほくほく顔で広場を抜けだした。

先輩のあとに続いて広場入口の階段をおり、再び車に乗りこむ。

坂下は先輩のしでかした所業に言葉もなく、いつしか無言になっていた。

「おめえ、親切に教えてやったんだから感謝しろよ！　これで小遣いに困んねえだろ？　崇りなんかねえから安心しとけ、このビビりが！」

軽口を叩きながら、先輩がエンジンキーを回した直後だった。

「ありますよ」

静まり返った車外のすぐそばで、男とも女ともつかない声が小さく聞こえた。

はっとなって、ふたりが顔を見合わせたとたん。

ばん！　ばん！　ばばばばばばばん！　ばばばばばばばばばばん！

無数の乾いた炸裂音とともに突然、車ががたがたと小刻みに揺れ始めた。

音は瞬《また》く間に大きくなり、車の揺れも激しさを増していく。

ばんばんばんばばばばばば！　ばばばばばばばばばばばばばばばん！

ばばばばばばばばばばばばばばばばばばばばばばばばん！

ばばばばばばばばばばばばばばばばばばん！

絶叫しながら先輩がアクセルペダルを踏みこむと、あとは脇目も振らず猛スピードで山道を下り、そのまま全速力で市街地を走り抜けた。

盗んだ賽銭は、先輩が途中の山道で袋ごと車外に投げ捨てた。「これで安心だ！」と先輩は震える声で叫んだが、坂下の恐怖はそれでも一向に治まらなかった。

数十分後、ようやく先輩のアパートまで帰り着き、車外へ降り立ってすぐだった。

安堵しかけていたふたりの口から、再び大きな悲鳴があがる。

真っ白な軽自動車のボディ全体に、無数の赤黒い斑紋《はんもん》がびっしりとこびりついていた。

それはよく見ると、人の手形のようにも見てとれる、大小様々なサイズの染みだった。

半狂乱になった先輩が車内からタオルを取りだし、ごしごしとボディを拭ってみたが、染みはどれひとつとして消えることはおろか、わずかに薄まることとさえなかった。

結局染みはどうにもならず、ふたりはアパートの一室で震えながら夜を明かした。


翌日の昼近く。

坂下は先輩に叩き起こされ、半ば尻を蹴られるようにして部屋を出た。

駐車場へおりていくと、車にはやはり無数の赤黒い斑紋が染みついたままだった。

先輩は深々とため息をつくなり、今度は近所のホームセンターへ坂下を連れていった。

購入したのは、赤いラッカースプレー数本とマスキングテープ。

「どうすんすか?」と坂下が尋ねると、「塗るんだよ」とぶっきらぼうに返された。

それから先輩は人目のつかない空き地へ車を移動させ、購入したマスキングテープで坂下とふたり、全ての窓ガラスとタイヤに新聞紙を貼りつけた。

続いてラッカースプレーを坂下に一本渡し、ふたりで車に噴きつけていく。

白い軽自動車は数十分ほどで、のっぺりとした質感の赤い車に様変わりした。

スプレーが乾くのを見計らい、先輩は真っ赤に染まった車を再び発進させる。

しばらくして到着したのは、町外れに建つ怪しげな鉄くず屋だった。

「どうせ後輩騙してぶんどった車だし、愛着なんか全然ねえよ」

吐き捨てるようにそう言うと、先輩は適当な言いわけを並べ、車を捨て値で処分した。

その後、ふたりは鉄くず屋の前で別れ、坂下はなんとも言えぬ妙な気分を抱えながら、暗い面持ちで家路に就いた。


この日を境に、坂下の生活にふたつの変化が生じた。

ひとつには件《くだん》の先輩と疎遠になり、その後、一切の交流がなくなったこと。

ふたつには、こうした世界に坂下自身がのめりこむようになってしまったこと。

この日の一件以来、坂下の胸中には得体の知れないどす黒い欲求が渦巻きだしていた。

彼の心の機微や異様な動向については、次話以降にその全容を綴る。

# 断崖

慰霊碑のある公園で遭遇した怪異は、坂下が生まれて初めて体験した怪異だった。

怖かったのは、確かなのだという。それもとびきり恐ろしかったのだと、坂下は語る。

しかしそうした恐怖の一方、日が経つにつれ、坂下はこんなことも思うようになった。

怪異は実在する。実在する怪異は怖ろしい。だが怖ろしいけれど貴重な体験でもある。

総身を震わす極上の恐怖もひっくるめ、本物の怪異をもっともっと体験してみたい――。

こんなことを願うようになった。

昔から怪談関係の本や心霊関係のテレビ番組が好きでよく見ていたが、自分が実際に
こうした体験をするとは夢にも思っていなかった。

だが実際に体験したところ、坂下は激しい恐怖とともに、ある種の興奮も感じていた。

こうした彼の特異な嗜好性が、愚《おろ》かな願望をたぎらせる原因になっていた。

加えて坂下は、こうした事象を甘く見ていた節もある。

慰霊碑の公園で起きた怪異において、彼の身にはその後、なんの実害も起きていない。事故や病気、怪我など、いわゆる〝霊障〟と呼ばれる現象はおろか、かの先輩のように車を処分するなどといったペナルティも一切なかった。

斯様《かよう》な幸運も、坂下の願望にさらなる拍車をかける一要因になっていた。

とにかく身も凍るような極上の怪異をもう一度、この身でとくと体験してみたい。

反省や後悔の代わりに坂下は、ねじれた願望に従うまま、ヒマな友人たちを誘っては、夜な夜な地元の墓地や廃屋などへ出かけるようになってしまった。

ところが、いわゆる〝幽霊〟やら〝怪異〟やらというものは、こちらの求めに応じてそう易々と現れてくれるものではない。案の定、どこへ行っても空振りばかりが続いた。墓石を蹴飛ばしたり、廃屋の窓ガラスを割ったり、現地で様々な不敬を働いてもみたが、それでも坂下が期待するような結果はなかなか得られなかった。

時には深夜の廃屋内でふと何かの気配を感じたり、自殺の名所と呼ばれる場所などで白いもやっとした霧状のものが写真に収まることはあった。

けれども坂下が求めていたのは、そんな生易しいものではなかった。

気配ではなく、はっきりと像を結んだ死人の姿。写真も白い霧状の物体などではなく、テレビに胸を張って売りこめるような決定的な一枚。

そして何より、それらを目の当たりにして体感する、真に絶望的な恐怖と興奮だった。

しかし、現実はそう思いどおりに動いてくれるものではない。

心霊スポット巡りを開始した当初は、面白がって同行していた血気盛んな友人たちも、なんの面白みもないこの不毛な夜遊びに愛想を尽かす者がだんだんと増え始め、坂下に同行してくれる者は日に日に数を減らしていった。

ここで正気に立ち返り、やめておけばよかったものを、坂下の怪異熱は醒めなかった。

彼はその後も独りで不毛な心霊スポット巡りを続けた。

月日が過ぎ、坂下が高校三年生になった夏休みのことだった。

坂下は念願の自動車運転免許を取得した。

それまでは愛用のスクーターで地元界隈の心霊スポットを虱潰《しらみつぶ》しに回っていたのだが、もはや目ぼしい場所へは行き尽くしてしまい、長らく煮詰まった状態になっていた。

しかし車の免許を取得したことで、坂下の行動範囲は飛躍的に拡大した。

スクーターでは足を伸ばしづらかった遠方の心霊スポットや廃墟にも、坂下は足繁く出かけるようになった。相変わらずどこへ行っても怪異の「か」の字も起きぬ空振りで、歯痒い思いをさせられたが、それでもしぶとく通い続けた。

車を手に入れた坂下の怪異熱は、再び大きく肥大していくことになった。

そんな日々がしばらく続いた、八月のお盆過ぎ。

この夜、坂下は愛子《あいこ》という女友達を連れ、U断崖という海岸沿いの景勝地へ出かけた。

U断崖は、広い敷地内に展望台や売店、喫茶店などが各所に配置された観光地である。

だがその一方で、自殺の名所という負の一面も持ち合わせている場所だった。

愛子もこうした方面の話題が大好きな女の子だった。「極上の恐怖を今一度」などと、常々考えている坂下の異常性に比べれば、あくまで好奇心程度のかわいいものだったが、それでも坂下の誘いに、愛子はひとつ返事で快諾した。

ふたりがU断崖に到着したのは、深夜の一時を回る頃だった。

駐車場を突っ切って坂道を上り、展望台のある断崖手前の広場で、坂下は車を停めた。

車内灯をつけたまま、ふたりはしばらく無為なおしゃべりに興じ続けた。

外から聞こえてくるのは、眼前に広がる断崖の真下でどうどうと轟《とどろ》きすさぶ潮騒のみ。他には虫の声すら聞こえてこない。

おしゃべりを続けていくなか、時間は刻一刻と過ぎ去り、何も起こる気配はなかった。今夜も空振りかと思い、坂下は心の中でため息を漏らす。

それからさらに時間が経ち、時刻が深夜の二時を過ぎた頃だった。

互いに首を向け合い、話をしていた愛子の背後にふと、坂下は違和感を覚える。

愛子の頭のすぐうしろ、助手席の窓ガラスの向こうに、誰かの顔が見えていた。

顔はちょうど愛子の肩口辺りに浮かび、ぱくぱくと盛んに口を動かしている。

初めは自分の顔がガラスに映りこんでいるのかと思ったが、違った。

ガラスに映る顔は、坂下が口を閉ざしてもなお、ぱくぱくと盛んに口を動かしていた。

輪郭が薄ぼんやりとしているため、男女の区別はつかない。だが、顔には首から下がまったくないことだけは、はっきり確認することができた。

ついに来たかと坂下は思う。

とたんに背筋へふつふつと粟《あわ》が生じ始めた。歯の根も小さく、かたかたと震え始める。

だが、ここで愛子に気づかれるわけにはいかなかった。

怖いもの好きとはいえ、彼女は所詮、素人である。下手にパニックでも起こされたら、この後の展開を台無しにされてしまいかねない。

素知らぬふりを装い、何食わぬ顔で坂下は愛子に声をかけ続ける。

顔は相変わらず、窓ガラスにぼんやりと浮かんで盛んに口を動かし続けていた。

あとは何かが起こるのを待つだけ。これ以上の何かが起こるのを、静かに待つだけ。

愛子の肩越しに浮かぶ顔を眺めながら、何食わぬ顔で会話を続けていた時だった。

ふと愛子の言葉が止まり、顔から笑みが萎むように消える。

「どうした?」

坂下が尋ねても愛子は両目を膝元に伏せ、暗い顔をして固まっている。

気づかれてしまったかと焦り、どうしたものかと思案する。

どうにか二の句を継ごうと、悪い頭を必死に回転させていた時だった。

「あのね……言ってもいい？　言っても絶対に冷静でいられる?」

愛子が坂下の目を見ながら、小さな声で言った。

やっぱり気づいていやがった……。このままだとこいつは次の言葉を吐きだした直後、

「逃げよう!」なんて言って、泣きじゃくるに決まっている。

「うん。冷静でいられる。どうしたんだ？」

半ば白けた調子で、坂下が返す。

とたんに愛子の視線が、坂下の肩越しに注がれた。

「うしろ。坂下君のうしろに誰かいる」

背後を振り返った瞬間、坂下の口から悲鳴があがった。

運転席の窓ガラスにべったりと貼りつくようにして、男の顔が浮かんでいた。

蒼ざめた顔色の、能面のごとく感情味に乏しい面差しをした、中年男の顔だった。

その顔が無音のまま、しきりにぱくぱくと口を動かしながら、坂下を見おろしていた。

坂下の悲鳴につられ、愛子も鋭い悲鳴をあげる。反射的に彼女のほうへ視線を戻すと、その背後の窓ガラスにも別の男の顔が貼りつき、盛んに口を動かしていた。

止めどなく溢れ続ける自分と愛子の絶叫に気が狂いそうになりながらハンドルを握り、ギアをドライブに入れた直後だった。

ぼん！　と大きな音がして、前方のフロントガラスが真っ暗になった。

ボンネットが勝手に開いて、持ちあがったのだ。

すかさずギアをリバースに入れ直し、バックのまま猛然と坂道を下り始める。

どうにか坂道を下り、駐車場まで戻ってくると、坂下は震える足で車外へ降り立った。車の前方に回ってボンネットを見てみる。すると、蓋の裏側にはボンネットステーと呼ばれる、開いたボンネットを固定するための棒が、きちんと穴に差さって立っていた。

物理的にどう考えても、ありえないことだった。

そもそもボンネットを開けるためには、車内に備えつけられているオープンレバーを引かなければならない。それからさらにボンネットの中央付近にあるレバーを引きあげ、最後にステーを立てあげ、開いたボンネットを固定するのである。

ああ……ついに来た。ついに来やがったんだ、こんちくしょう！

わななく手つきでボンネットを閉め直す坂下の顔には、奇妙な笑みが浮かんでいた。

そこへ車内から、愛子の「きゃっ！」と叫ぶ声が聞こえた。

車内に目を向けると、愛子は助手席側の窓ガラスから、怯えた顔で外を見つめている。愛子の視線の先をたどって見るなり、坂下もぎょっとなって身を竦めた。

駐車場の隅に建つ公衆トイレの前に、小さな男の子を連れた老人が立っていた。

辺りには街灯の薄明かりが点々と燈るばかりで、他は墨で固めたように真っ暗である。トイレの周囲も例外ではない。おまけに時刻は深夜の二時を大きく回る頃。

こんな時間、こんな場所に、小さな子供を連れた老人など絶対にいるはずがない。

そう思って見てみると、老人と子供の姿は薄っすらと透けて、背後の闇が見えていた。

怖くて嬉しくて、狂おしいほど怖くて嬉しくて、坂下は満面に薄笑いを浮かべながらトイレに向かって、震える足を踏みだした。

とたんに助手席のドアが勢いよく開いて、背後から思いっきり胴を引っぱられた。

「何やってんのよ！　ダメだよ、死んじゃうよ！　早く逃げよう！」

顔を向けると、涙と鼻水で顔中をぐしゃぐしゃにした愛子が、坂下に縋《すが》りついていた。

彼女の死に物狂いの制止に、坂下は内心「このクソ女が！」と毒づく。

だが再びトイレへ視線を戻すと、もうすでに老人と男の子の姿は見えなくなっていた。

せっかくのチャンスをぶち壊しやがって――。

助手席で泣きじゃくる愛子の姿に、殺意にも似たどす黒い感情が湧きあがる。

小さく舌打ちをかましながら、坂下は後ろ髪引かれる思いで渋々車へと乗りこんだ。

# 警備員

その後も坂下は、飽きることなく心霊スポット巡りを続けた。

相変わらず、大きな怪異が起こることはなかったが、U断崖の怪異を経験してからは以前よりも小さな怪異が散見されるようにもなっていた。

深夜の墓地を散策中は、色の青白い人魂らしきものが長い尾をゆらゆらと引きながら眼前を通り過ぎていくのを見たし、同じく深夜の廃屋などで、その場にいるはずのない女や子供の声を聞く機会が増えた。

もしかしたら自分のアンテナが以前より鋭くなったのかもしれないと、坂下は考えた。仮にそうであるなら、いずれ来たる〝次の大波〟も見逃しはしまいと、坂下は期待した。

巨大な怪異の発生を少しでも促《うなが》すため、行く先々で不敬を働くことも忘れなかった。器物破壊や落書き、放尿などを以前にも増して、念入りにおこなうようになっていた。

U断崖に連れていった愛子は、あれ以来口も利いてくれなくなったため、縁を切った。

せっかくの好機を駄目にされた坂下にとっては、むしろいい厄介払いだった。

代わりに坂下は大石《おおいし》という、小学時代の悪友と行動を共にするようになっていた。

彼もこうした方面に少なからぬ興味を持つ、坂下と半ば同類項の男だった。

愛子の一件もあり、坂下は当初、大石を同行させることにあまり乗り気ではなかった。

けれども、数年ぶりに再会した坂下が心霊スポット巡りに熱をあげていることを知るや、大石は執拗なまでに同行を望んだ。

あまりのしつこさにとうとう根負けし、「何があっても俺の邪魔だけはするなよ」と念押しをしたうえで、坂下は仕方なく大石の同行を許していた。


大石とふたりで心霊スポットを巡り始め、そろそろ冬を迎えつつある頃だった。

その日、坂下と大石は、青森県の海岸沿いにひっそりと建つ、廃ホテルへ赴いていた。

初めて訪れるこの廃ホテルは別段、怪しい噂の伝わる場所ではなかった。

だがこの頃になると、岩手近県の目ぼしい心霊スポットには大方行き尽くしてしまい、それらしい場所を見つければ手当たりしだいに足を踏み入れるようになっていた。

ホテルは外装こそ傷んで古さびていたが、三階建ての比較的大きな構えの建物だった。午後のまだ日の明るいうちに到着したものの、玄関をくぐって中へ入ると正面ロビーは陰気な雰囲気をたたえて薄暗く、奥がほとんど見えないほどだった。

正面ロビーの片隅には崩れ落ちた天井の残骸や瓦礫の山が至るところに散乱していて、上階へ続く階段も半ば崩れて上れなくなっていた。

他にも階段はあるだろうということで、ふたりは一階を散策がてら先へと進んだ。

暗い廊下に並んだドアを片っ端から開け放ち、中を覗いては閉めるを繰り返しながら、やがてL字型になった廊下の角に差しかかった時だった。

角を曲がると、廊下の奥の暗がりに紺色の制服を着た警備員が立っているのが見えた。警備員は坂下たちと目が合うや、こちらへ向かって猛然と突っ走ってきた。

「やばい！」

ほとんど脊髄《せきずい》反射で踵《きびす》を返し、慌てて廊下を引き返す。

捕まったら警察に突きだされる。それだけは是が非でも避けたいことだった。

焦ったふたりは死に物狂いで駆け続けたが、一直線に伸びた廊下は次の曲がり角までかなりの距離があった。

このままでは捕まってしまう。

一計を案じた坂下は、手近にあったドアを開け放つと、転がりこむようにして部屋の中へと雪崩《なだ》れこんだ。

部屋はどうやら物置のようだった。埃《ほこり》の堆積した床上にガラクタや段ボール箱などが辺り一面うずたかく積まれ、黴《かび》のすえたような嫌な臭いが部屋中に充満していた。

薄暗い部屋の片隅に息を殺して身を潜め、静かに警備員の動向を窺《うかが》う。

だだだだだだだだだだだだだだだだだだだだだだだだだだだだ！

いくらの間も置かず、ふたりが潜伏する部屋の前を警備員の靴音が駆け抜けていった。

先ほど入ってきた正面ロビーに向かって、たちまち音が遠のいていく。

「行ったな……」

小声で大石に耳打ちをし、安堵の息をほっと漏らす。

「あとはどうやって外に出るかだ」

と、坂下が言い終えるが早いか。

だだだだだだだだだだだだだだだだだだだだだだだだだだだだだだだだだ！

再び足音が、こちらへ向かって戻ってきた。

ぎくりとなって身を屈め、気配を必死に押し殺す。

だだだだだだだだだだだだだだだだだだだだだだだだだだだだだ！

足音がもう一度、部屋の前を通過していった。

だだだだだだだだだだだだだだだだだだだだだだだだだだだだ！

静寂。急にぴたりと足音がやんだ。

どうやら警備員は、先ほどの曲がり角の前辺りで立ち止まったようだった。

「気づかれたかな？」

大石が坂下に耳打ちをしていると、再び警備員が走りだした。

だだだだだだだだだだだだだだだだだだだだだだだだだだだ！

足音はまたしても部屋の前を通過し、ホテルの入口方面へ向かって駆けていく。

「なあ……。あいつ、ちょっと変じゃないか？」

足音が途絶えたのを見計らい、大石がぼそりと坂下につぶやいた。

「俺らを捜してるんなら、普通は走りながら『おい！』とか『待てー』とか言わねえ？あいつ……なんで何もしゃべんねえんだ？」

それを聞いた瞬間、坂下は激しい動悸と同時に、心にぽっと光が燈る感覚を覚えた。

確かに大石の言うとおりだった。廊下の曲がり角で出くわしてから今の今に至るまで、あの警備員はまったく声を発していない。

ならばあいつは——と思い、たちまち全身が総毛立つ。

だだだだだだだだだだだだだだだだだだだだだだだだだだ！

そこへ再び、足音が鳴り響いた。

「うわっ」

坂下の口から、小さな悲鳴がこぼれ出る。

だがそれは、多分な期待と歓喜も入り混じった、奇妙な音色の悲鳴だった。

だだだだだだだだだだだだだだだだだだだだだだだだだ！

静寂。先ほどと同じく、廊下の曲がり角付近で立ち止まったらしい。

だだだだだだだだだだだだだだだだだだだだだだだだ！

一瞬の沈黙ののち、また同じように正面ロビーのほうへと向かって足音は駆けだす。

だだだだだだだだだだだだだだだだだだだだだだだ！

だだだだだだだだだだだだだだだだだだだだだだ！

だだだだだだだだだだだだだだだだだだだだだ！

果たして坂下たちの所在に気づいているのか、いないのか。
足音は何度も何度も繰り返し、部屋の前を全力疾走で往復し続けた。
先刻からこれだけ走っているにもかかわらず、廊下を駆ける速度は少しも変わらない。
のみならず、息を切らす喘《あえ》ぎ声すらまったく聞こえてこなかった。
来た来た来た。とうとうこの瞬間がやってきやがった、こんちくしょう！
傍らの大石が身を縮めて震えあがる一方、坂下の顔には下卑《げび》た笑みが浮かび始める。
だだだだだだだだだだだだだだだだだだだだ！
だだだだだだだだだだだだだだだだだだだ！
――と。
だだだだだだだだだだだだだだだだだだ！
だだだだだだだだだだだだだだだだだ！
ふいに駆け足の間隔が、短くなっていることに気がついた。
だだだだだだだだだだだだだだだだ！
だだだだだだだだだだだだだだだ！
だだだだだだだだだだだだだだ！

もう廊下の奥まで行っていない。ホテルの入口までも行っていない。

――いつのまにか、部屋の前を反復している。

坂下がそれと気づかぬうちに、足音の主は廊下を往復する距離を少しずつ狭めていた。

先ほどまでは部屋の前を大きく横切るように響いていた足音が、気がつけばだんだんとドアの前を軸にした、極めて短い間隔にまで狭まりつつあった。

それを受け、歯の根をがちがちと震わせながらも、坂下はいいね、いいねと高揚する。

だだだだだだだだだだだだだ！

だだだだだだだだだだだだ！

だだだだだだだだだだだ！

だだだだだだだだだだ！　だだだだだだだだだだ！

だだだだだだだだだ！　だだだだだだだだだ！　だだだだだだだだだ！

突然、足音が増えたことを察し、坂下は再びぎくりとなった。

横目で大石を見やると、やはり異変に気づいたのか、顔色が真っ白になっている。

だだだだだだだだ！　だだだだだだだだ！　だだだだだだだだ！

だだだだだだだ！　だだだだだだだ！　だだだだだだだ！

そこから先は、ほんの一時だった。

足音はたちまちのうちにその数をいや増し、ドアを一枚隔てた薄暗い廊下の向こうで無数の足音が、豪雷《ごうらい》のような凄まじい轟《とどろ》きをあげ始めた。

だだだだだだ！　だだだだだだ！　だだだだだだ！　だだだだだだ！

だだだだだ！　だだだだだ！　だだだだだ！　だだだだだ！

だだだだ！　だだだだ！　だだだだ！　だだだだ！　だだだだ！

だだだ！　だだだ！　だだだ！　だだだ！　だだだ！　だだだ！

だだ！　だだ！　だだ！　だだ！　だだ！　だだ！　だだ！　だだ！

だだっ！　だだっ！　だだっ！　だだっ！　だだっ！　だだっ！　だだっ！

ここで坂下の脳裏にふと、おぞましい映像が生々しい現実味を帯びて浮かびあがる。

ぼろぼろに荒れ果てた、薄暗い廊下の上。

無表情の、それもまったく同じ顔をした大勢の警備員たちが、自分たちが身を潜める部屋のドアを凝視しながら、ぞろぞろと凄まじい勢いで反復している。

今この瞬間、目の前のドアを開けて廊下を覗き見たら、どうなるだろう。

おそらく頭に思い浮かんだ光景が、そのまま展開されているはずである。

見てみたかった。そんな現実離れした光景だったら、死んでもいいから見てみたい。

胸の鼓動がどかどかとさらに激しく加速し始め、息苦しさに坂下は少しくらりとなる。わなわなと全身が震え、高みに達した恐怖と興奮に、意識がさらにぐらぐらと揺れる。

今ためらったら、俺は一生後悔する。

満面に貼りついたような笑みを浮かべ、坂下はドアへと向かってばっと駆けだした。

とたんに背後から羽交い絞めにされ、身体が部屋の奥へと引き戻される。

振り向くと、真っ白な顔をした大石が涙を流しながら、坂下を押さえこんでいた。

このクソが……やっぱり俺の邪魔をしやがるんじゃねえか！

その間にも廊下からは、激しい足音が絶えることなく聞こえてくる。

無言のまま大石の顔面に拳《こぶし》を浴びせ、ひるんだ隙に坂下は再び前へと駆けだす。

ところが大石も本気だった。今度は背後から右脇腹を思いっきり殴られ、続けざまに顔面を数発、渾身《こんしん》の力をこめて殴られた。

あまりの痛みに声すらあがらず、坂下はそのまま床の上に膝を落としてしまう。

坂下の様子を一瞥するなり、大石はすかさず部屋の壁際に積まれていた段ボール箱の山を払い飛ばし、それから手近にあった事務椅子に手をかけた。

段ボール箱のあった壁際を見やると、黒いカーテンに閉ざされた窓の形が確認できた。顔と脇腹に生じた焼けるような痛みに坂下が悶えていると、大石は両手に抱えた椅子を窓へと向かって思いっきり投げつけた。

椅子の当たったカーテンが歪な形で内へと萎むのと同時に、ガラスの割れる大音響が部屋中に鋭く鳴り響く。

続いて大石は坂下の手を引きながら、窓から外へ飛びだした。

暗闇に包まれた室内から一転、戸外から射しこむ陽の眩しさに坂下は顔を歪める。

そのまま大石は坂下の手を引き、駐車場に停められた車に向かって一目散に駆けだす。

しかし、顔と脇腹の痛みが徐々に薄まるにしたがい、坂下の憎悪もぶり返し始めた。

「てんめえ！　あんだけ俺の邪魔すんなって言ってたろうが！」

大石の手を振り払い、石のように固めた拳を振りあげる。

だが、坂下が拳を打ちだすより早く、大石のビンタが坂下の頬面を張り飛ばした。

「おめえ、正気じゃねえよ……。だから助けてやったんだ。そんなに行きたきゃ行けよ。でも俺はもう助けねえ。あの音。ほらあの音、もう一回聞いてから考えてみろや……」

滝のように顔面を伝う涙と鼻水を拭いもせず、大石は震える声で坂下に言った。

玄関ドアのガラス越しにホテルの内部へ目を向けると、先ほどの廊下が小さく見えた。轟雷のようなあの凄まじい足音は、未だに外まで大きく鳴り響いていた。

だが、廊下の上には人っ子ひとり見当たらない。

その足音も、わずかの間に小さく遠のき、やがてまったく聞こえなくなってしまった。

視えねえんじゃしょうがねえ……。

聞こえもしなくなったんじゃ、意味もねえ……。

「もういいよ。帰るぞ」

腫れた頬をさすりながら大石と並び、坂下は駐車場に停めた車に乗りこんだ。

「なあ……こういうことすんの、今日で最後にしようぜ。俺はもう、絶対に嫌だ……」

助手席でぶるぶる震える大石の言葉に、坂下はぶっきらぼうに「ああ」とだけ返した。

ただしそれは〝もう二度と大石とつるまない〟という意味での「ああ」だった。

坂下の歪んだ願望が消えることは微塵もなかった。新たに凄まじい体験をしたことで、むしろますます膨らんでいくばかりだった。

だが、懲りない坂下の人生にはその後、取り返しのつかない烙印《らくいん》が押されてしまう。

# 烙印

成人して就職先も決まり、住まいを岩手から宮城へ移したのちも同じだった。

坂下は引きも切らず、憑かれたように独りで心霊スポット巡りを続けた。

廃ホテルの一件以降、著しい怪異に遭遇することはなかったが、不審な影や声などの小さな怪異は以前よりもさらに遭遇する機会が増えた。大きな怪異が起きることを願い、坂下は東北のみならず、暇を見つけては全国各地の心霊スポットを訪ね歩いた。

けれども、それから五年近くが過ぎた二十代の半ば、坂下の身に大きな転機が訪れる。

蒔絵《まきえ》さんという、彼女ができたのである。

蒔絵さんは、坂下などには勿体ないほど、それは美人で気立てのよい女性だった。

坂下自身も過大に自覚し、蒔絵さんをとても大事にした。蒔絵さんを幸せにするため、骨身も惜しまず、真摯《しんし》に彼女と向き会った。

結果、坂下は変わった。蒔絵さんとの交際開始からまもなく、長らく熱をあげていた心霊スポット巡りにもまったく行かなくなってしまった。

自分自身でも驚くほどに、未練はまったく感じなかったという。蒔絵さんとの関係が深まれば深まるほど、霊だの怪異だのに対する興味や執着も急速に薄まっていった。

坂下にとってはそれほどまでに、蒔絵さんという存在が大きかったということになる。かつて心霊スポット巡りに血道をあげていた自分がまるで別人に感じられてしまうほど、坂下の心はすこぶる穏やかで健全なものへと様変わりしてしまった。

交際開始から二年ほどで、坂下と蒔絵さんは結婚した。

結婚後、ふたりは仙台市内のアパートを借り受け、暮らし始めた。

引越しが終わって、三日目の早朝だった。

玄関ドアがどんどん、とノックされたので、寝床を抜けだし玄関口へ向かった。

「はい」と声をかけながら、ドアを開ける。ところが外には誰もいない。

いたずらかと思い、ドアを閉め直した直後、再びどんどんと音。

今度はすかさずドアを開けた。ところがやはり、外には誰もいなかった。

それから数日後。夜勤明けで昼頃に起床した坂下は、ひとりでシャワーを浴びていた。

バスルームは玄関の脇にあり、磨りガラス一枚を隔て、外の様子がうっすらと見える。

あくびをしながらシャワーを浴びていると、がちゃりと玄関ドアの開く音がした。

この日、蒔絵さんは用事があって朝から家を空けていた。忘れ物でもしたのかと思い、「どうしたんだ?」と声をかけてみる。

ところが返事は返ってこず、代わりに磨りガラスの向こうを白い人影が、滑るように居間のほうへと向かって通り過ぎていった。

シャワーを終えてバスルームから出てみると、居間には誰もいなかった。

坂下が心霊スポット以外でこうした体験をするのは、これが初めてのことだった。


同じく結婚後、坂下は勤め先のガソリンスタンドでしばしば不審な人影を目撃したり、声を聞いたりするようにもなった。

たとえば来客の車に給油しているさなか、ふと車内を見やると、助手席や後部座席に先ほどまではいなかったはずの女や子供が座っていたりする。

妙だと思いながら再び車内を見てみると、やはりそんな人物はどこにもいない。

他にも勤務中、うしろから誰かに大声で名前を叫ばれ、振り返ってみると誰もいない。事務所で休んでいるさなか、視えない何かに襟《えり》や袖《そで》を思いっきり引っ張られてのけぞる。トイレで用を足していると、背後や頭上からお経の声が聞こえてきたりもした。

また、こんなこともあった。

夜の勤務中に若い女から「道路で車が故障したので助けてほしい」と声をかけられた。ところが背中を追って歩道を進んでいくと、いつのまにか女の姿が消えている。どこに行ったのかと周囲を見回し、ふと足元に視線を向ければ、ガードレールの下に緑色の花筒に立てられた献花がつましく供えられていた。

そこは何年か前に若い女性が、自動車事故で亡くなった現場だった。

ひとつひとつの出来事を切り離して考えれば、些細な怪異と言うべきものではあった。けれども坂下の場合、こうした怪異が週に数回程度の頻度で繰り返された。

怪異は職場のみならず、自宅でも頻発した。

結婚から半年ほど経った頃から、新婚当時に蒔絵さんが買った白い虎《とら》のぬいぐるみが、ほぼ毎日のように定位置である居間の片隅を離れ、勝手に移動を繰り返し始めた。

虎はテーブルの上やカラーボックスの上、時には台所にまで移動していることもあり、原因は一切不明だった。蒔絵さんも気味悪がるので、虎はガムテープで厳重に封をした段ボール箱に閉じこめ、押入れの奥へとしまわれることになった。

就寝中、金縛りに遭うことも多く、異変に気づいて目覚めると、腹の上に黒い人影が覆い被さるように乗っていたり、何かに手足を掴まれる感覚を覚えることもあった。

一方、蒔絵さんは金縛りに見舞われることはなかったが、ひとりきりで部屋にいる時、背後を誰かが通り過ぎていく気配を感じたり、視界の隅でちらちら動く白い人影などをしばしば目にするようになった。

以前であればこうした諸々の不可解な現象は、坂下が何より欲する貴重な体験だった。だが、結婚して幸せな家庭を築いた今となっては、もはや忌《い》むべきものでしかなかった。

なぜ今頃になって、自分の身辺でこんなことが頻発するようになってしまったのか？

心霊スポット巡りなど、すでにやめて久しいし、まるで原因が分からなかった。

日ごと発生する様々な怪異に、坂下はしだいに激しい焦りを感じ始めるようになった。

それでとうとう耐えきれなくなり、とある高名な霊能者の許へ相談に向かった。

これまでの経緯をくわしく話すと、霊能者は渋い顔をしながらこう答えた。

長年、心霊スポット巡りをした影響で、人より霊感が強くなり過ぎてしまったのだと。

とたんに真っ青になり、「どうすればいいんですか？」と尋ねたが、霊能者の答えは「自分の力ではどうすることもできない」というものだった。

憤慨した坂下は、ショックに慄《おのの》きながらも霊能者宅をあとにした。

〝霊感が強くなり過ぎた〟という話は、これまでの経緯から一応、辻褄《つじつま》が合っているし、多大に身に覚えもあることだから、考えただけでぞっとするものがあった。

けれどもその一方で、突きつけられた事実を否定すべく、こんなことも考えた。

仮にそうであるならば、なぜ今頃になって突然、まるで思いだしでもしたかのように、妙なモノが大量に視えたり聞こえるようになったのか？ それはおかしな話ではないか。

きっとあの霊能者は、デタラメを言っているに決まっている――。

疑念を抱いた坂下は、他の霊能者に改めて、まともな意見をうかがおうと考えた。

それで目星をつけたのが、他ならぬ拝み屋の私だったというわけである。

ただし大層残念なことだが、安心と安全を求めにやって来た坂下に私が返した答えは、先の霊能者のそれよりも、もっと無慈悲で残酷なものになってしまった。

まず、先の霊能者が語った〝霊感が強くなり過ぎた〟という話は、私も同意見だった。仕組みはよく分からないが、こうした力というものは場数を踏めば踏むほど明瞭になり、強くなっていく傾向がある。拝み仕事で常人の視えざるモノを視る機会が多い私自身も、それは実感していることである。

「どうすればいいんですか？　俺、今さらそんな霊感なんて必要ないですよ……」

今にも泣きだしそうな顔で坂下が私に訴えてきたが、答えはひとつしかなかった。

「どうすることもできませんよ。一度身についた感覚を任意で消すことはできません」

スピリチュアルカウンセラーをしていた、沖さんのケースと同じである。

霊感も一種の才能のようなもの。たやすく消したり弱めたりすることはできない。

「で、でも、おかしいじゃないですか。俺がやたらと妙な体験をするようになったのは、結婚してからですよ？　それまでは心霊スポットでいろいろ視たり聞いたりしましたが、他では一切、そんなことはなかったんです。それがなんで今頃、急になんですか！」

強張《こわば》らせた顔を真っ赤にして坂下が叫ぶので、これもはっきりと答えることにした。

「簡単に言っちゃうと、今まで不遜なことをしてきたツケが回ってきたんでしょうね」

坂下の強張った顔が、みるみる紙のように真っ白になる。

「……心霊スポット巡りなんて、もう何年も前の話ですよ？　ツケですって言われても、こんなに時間が経ってからって、おかしいじゃないですか」

「〝向こう側〟の連中ってのは、こっちの都合ではなかなか出てきてくれないものです。あくまでも〝向こう側〟の都合や事情で出てくる場合が圧倒的に多い。残念ですけどね。さらに付け加えるならば、ツケっていうものは、本人がいちばん支払いたくない時期に、それもいちばん支払いたくない形で支払わされるものです。結婚されて、今がいちばん幸せな時期なんですよね？　今の幸せな生活を、ぶち壊されたくなんかないですよね？　だからこそ〝向こう側〟が、今だと思って動きだしたんじゃないでしょうか？」

　色を失くした坂下の顔が、今度は小刻みにかたかたと震え始めた。

「そ、それって、どうしたら許してもらえるんでしょうかね……」

「まあ、心から反省して、謝罪し続けることでしょうね。それしかないと思います」

私が答えると、坂下は長いため息を漏らしながら深々と項垂《うなだ》れた。

自業自得とはいえ、さすがに気の毒な気もしたので、護身用の御守りを坂下に渡した。けれども他には何をしてやる気もなかった。やはり自業自得だからである。

「写経でもしたらいいですよ」と勧めると、坂下は弱々しく頭をさげて帰っていった。

以来、坂下は不定期で私の仕事場を訪れる。

自分で書いた写経が山のように溜まると、わざわざ持ってくるのである。

そんな時は坂下の代理で、心霊スポットに棲みつく有象無象の妖しい連中に向かってお詫びの経をあげるようにしている。

初対面から八年ほど経ち、身の回りで起きる怪異は、今やほとんどなくなったという。妻の蒔絵さんも元気で暮らしているそうである。

しかし、それでもたまに不穏な気配を感じたり、声を聞いたりすることはあるという。昔のツケをまだ返しきれていないのか、それともまったく関係のない、別の何かなのか。果たしてどちらなのかは、私にも分からない。

だが、いずれにしても、長年心霊スポットに通い続けて備わった〝霊感〟があるため、坂下はこれから先も、なかなか気の抜けない人生を送ることになるのだと思う。

写経もこの分だと、一生続けていくつもりなのかもしれない。

本当に気の毒な話だが、それでもやはり自業自得なのだと私は思う。

# 拝み屋備忘録 怪談双子宿

2018年3月7日　初版第1刷発行
2021年2月25日　初版第2刷発行

著者　郷内心瞳
デザイン　橋元浩明(sowhat.Inc.)
企画・編集　中西如(Studio DARA)
発行人　後藤明信
発行所　株式会社 竹書房
〒102-0072 東京都千代田区飯田橋2-7-3
電話03(3264)1576(代表)
電話03(3234)6208(編集)
http://www.takeshobo.co.jp
印刷所　中央精版印刷株式会社

定価はカバーに表示しています。
落丁・乱丁本の場合は竹書房までお問い合わせください。

ISBN978-4-8019-1394-3 C0176